青铜葵花

张翀 著

北京联合出版公司

"至元集林"丛书

学术顾问（依年齿为序）
叶嘉莹　楼宇烈　薛永年　龚鹏程　刘跃进　蒋　寅　杨念群

常任编委
谷　卿

策划人
唐饮真

总序

时移世易,从"整理国故"到"批判清理"再到"全面复兴",百年以来的学术命运正与国家命运息息相关。在万象纷呈、众声喧哗的今天,如何跳脱旧窠、摒除干扰,并以更平和的心理与更审慎的态度,实事求是、求其所是地想象和认知古典中国,是我们志于且乐于探求之事。

"至元集林"所要建立的就是这样一个共同体:初见它的构成者各不相关,置于一处却成为一种精神的全息图景;它意欲凝聚精致的学问,其间睽违已久的可贵性情亦随之而来;它发扬的是古典学术与文艺中的"为己"传统,或也彰示了对当下与未来的种种责任。

我们既不为命令和恳求而研究,也不为炫夸和苟且而写作,我们仅是把一种表里如一的专注和切实如需的主张透过我们感兴趣的话题和对象呈现出来,虽仅寸心所感,却相信能以心传意、心心相印。

一个漫长的历险已经启程。我们在此无意发表什么壮伟"宣言"或许下何等"宏愿",唯愿多年以后回顾斯时,仍有那股久违的安然和欣慰。

谷 卿

2016年6月30日于社科院文研所

目录

序………IV

铜器文化史

"九鼎"及鼎文化………2
饮食文化视野下的青铜器………18
羊形铜器的隐喻………44
人虎之争………62

金文中的世界

西周早期青铜器的金文与历史………78

伯懋父簋墨书与商周书法………96

器与铭：铜器的文本与图像关系………122

金文整饬的动力与方法——以早期铜鼎铭文为例………143

艺术史观察

跽、坐与"负重"………162

双身的立体意味………188

铜器的观看………205

园林中的金石………226

后记………260

序

六年前，张翀博士出版了第一部作品：《商周时期青铜豆整理与研究》。此书是以他的硕士学位论文为基础修改增补而成的，我作为指导老师自然不能推辞，写了一篇代序。过了不到两年，他就将第二部书稿寄来，书名是《汲古闲辞》，要我写序。那次我有点犹豫，因为第一部书稿是学术著作，其内涵在我的专业范围之内，第二部书稿则超出了我的熟知程度。不过后者内容丰富，情感真切，文笔生动活泼，我还是很喜欢，于是写了序。今年初，张翀将第三部书稿《青铜识小》寄来，要我写序。一方面我惊讶于张翀写作速度之快，一方面鉴于这是一本有特色的青铜器研究著作，我有话要说，于是便欣然应允了。

张翀博士在《青铜识小》一书的《后记》中说，自打二十年前进入大学后，就一直"在逃"。先是学考古学，待考古学形势大好，又逃往艺术史。近年来，艺术史又一片大热，他又准备逃离，去做古物、小学研究。其实，不光是张翀在逃，我们都在逃。无论古今中外，在人生的旅途中，每个人都要面临一个无法逃避的重大问题：什么样的工作最适合自己，换言之，自己做什么工作最好。遗憾的是，这往往是一个没有答案的问题，因为谁也不可能去尝试每一种工作，确定哪一种工作最契合自己的特性，从而将才情发挥到极致。于是，"逃离"的事件经常发生。"逃离"有两种情况，一种是主动逃离，诸如鲁迅、郭沫若早先都是学医的,后来弃医从文,成为中国现代的大文豪,他们的"逃离"显然是成功的。还有一种是被迫逃离,大多数人是为生计而被迫逃离的。当然也有人不逃离,一辈子守住一块阵地,也能成就辉煌,如陕西作家路遥、陈忠实,他们的作品《平凡的世界》《白鹿原》已成为时代的经典。张翀博士则属于主动"逃离"。主动"逃离"说明逃离与否的主动权在自己手里,主动逃离的人通常境况比较好。张翀自言大部分时间在临池习字,可见生活之悠闲。

如今逃离的人似乎越来越多了。一方面,学科越分越细,为了拿项目、评职称,早出成果,人们只能将全部精力集中在某一点上,很难有暇顾及其他。快要退休或者退休之后,才发现还有别的路可走,抱怨自己为什么没有早一点"逃离"。这不能不说是一种遗憾。但另一方面,随着中国改革开放的力度加大,人们对工作选择的自由度也越来越大,"跳槽"已经是司空见惯的事情了。所以张翀的每一次"逃离",我都表示理解,甚至有点赞赏。

其实张翀的每一次"逃离",无论是从考古学到艺术史,还是回到古物、小学的研究,相距都不遥远,还是在一定的范围之内。近代考古学兴起于欧洲,当时的考古学一般是指对含有美术价值的古物和古迹的研究。有"考古学之父"称号的德国学者温克尔曼,他的名著就是《古代美术史》。在中国,作为考古学前身的金石学,兴起于北宋时期。当时所谓的"考古"就是指对文物的研究,侧重于从美术角度鉴赏文物。近代以来,随着学科的发展,考古学与美术学的分界愈趋明显,考古工作者不一定懂艺术,面对多姿的造型,精美的图案,无法从美术学的角度深入探讨;而美术工作者往往不清楚中国古代的文物中蕴含有那么多的美的元素。而如今，张翀博士在"逃离"的过程中，无疑做了一件很有意义的工作，就是将考古与美术沟通起来。试看他的第一部著作，从青铜豆的类型学分析讲到分期断代，显然属于考古学范畴，以严谨为要旨。第二部著作则不同，从所收文章篇目《镜凝菁华》《如许青花》可知，同样谈青铜器、瓷器，却是从美术的角度审视文物，以文笔活泼为要旨。第三部著作又不一样了。它是由十二篇较长的论文组成，比第一部内涵要开阔，比第二部思考要深沉一些。譬如《伯懋父簋墨书与商周书法》对于金文书艺的讨论，很有理论深度；《园林中的金石》是从金、石的角度来看园林艺术，可谓别开生面。可以说，第三部著作的出版，标志着张翀博士已经能较好地将考古学与美术学结合在一起了。当然这种结合也是分层次的。第二部是写给较广大的读者，第一、三部则更适宜于专业人员。

张翀是幸运的。对于张翀来说，似乎不用太担心"逃离"的成本。因为他的每一次逃离总有收获，总能写成一部书。而且每一部书的风格都不同，后一部书往往超出前一部书。所以说张翀的"逃离"应该是一种成功的逃离，每一次"逃离"都可以看做是一次华丽转身。

张翀还很年轻，今后的路还很长，怎么走？正如他自己所说，还想继续"逃离"。鉴于他如今已经"逃离"有术，我没有任何可担心的，只期待着再看他下一次"逃离"后的新集子。

张懋镕

戊戌清明于古城西安

铜器文化史

"九鼎"及鼎文化

"九鼎"传说十分渺远,相传是夏朝禹之子启时铸造的,较早的出处见于《左传》《墨子》等文献。《左传》宣公三年:"昔夏之方有德也,远方图物,贡金九牧,铸鼎象物"。《墨子·耕柱》则称:"昔者夏后开(启)使蜚廉折金于山川,而陶铸之于昆吾……九鼎既成,迁于三国"[①]。

这就让人有些迷惑了,是派专使到山川取金,还是收九牧贡赋之金?文本中九牧(即九州)一跟鼎联系,就使九鼎与九州纠缠不清了。如毕沅在《山海经新校正序》中说:"山海经海内经四篇,海外经四篇,周、秦所述也。禹铸鼎象物,使民知神、奸。按其文,有国名,有山川,有神灵奇怪之所际,是鼎所图也。鼎亡于秦,故其先时人犹能说其图以著于册。"毕沅穿凿说夏鼎上有文,即是《山海经》。后面人就言之凿凿了,沈

---

① 孙诒让:《墨子间诂》,北京:中华书局,1954年,第423—426页。别本此句为"昔者夏后开(启)使蜚廉折金于山,以铸鼎于昆吾"。

钦韩补注云,"今山海经所说形状物色,殆鼎之所象也",洪亮吉作诂称,"今山海经海内、大荒等篇,即后人录周鼎之文",其误甚矣。

《史记·夏本纪》无任何禹、启两朝铸鼎的记载,但记载黄帝之鼎事。《史记·五帝本纪》说,"黄帝获宝鼎,迎日推策"。而在《史记·封禅书》中又有所演绎,"黄帝采首山铜,铸鼎于荆山下。鼎既成,有龙垂胡髯下迎黄帝"。这两段文字被治先秦史的学者常引,甚至几变成了习语,但明眼者就看出了其中端倪,"在同一部书中,有黄帝'铸鼎'和'获鼎'的不同说法,可见黄帝铸鼎仅是一种传说,尤其是鼎铸成,黄帝骑龙升仙,具有强烈的神话色彩……"。黄帝作为人文初祖,举凡遗迹或是文明的诸要素,世人总爱朝其身上靠拢,仿佛不如此就不能证明中华文明的源远流长。在世代流传的文献中,黄帝仿佛无所不能的大帝,不仅铸鼎,还兼铸钟。

> 昔黄帝以其缓急作五声,以政五钟。令其五钟,一曰青钟大音,二曰赤钟重心,三曰黄钟洒光,四曰景钟昧其明,五曰黑钟隐其常。五声既调,然后立五行以正天时,五官以正人位。人与天调,然后天地之美生。(《管子·五行》)

这段文字无非反映着古代一种天人合一的思想,并非是黄帝真要摆开架势,铸鼎铸钟,从目前所知的考古发现来看,所谓五帝时代,也就是古史传说时代,目前未发现铜鼎、铜钟的遗存。稍微了解一下铜器及纹饰发展史,就决不会认为"将全国九州的名山大川，奇异之物镌刻于九鼎之身"①的说法可信。因为在小小鼎身的面积上，能够铸上各州的形胜、奇物，以当时的铸造工艺来看，远远达不到这一要求。杨伯峻在《春秋左传注》中也说，"然迄今考古所见，未有夏器，且铸鼎象物，似亦为夏初生产水平所不能"。马承源先生对"铸鼎象物"详细讨论道，"从商代二里冈期的青铜器纹饰尚且还是简单的和粗率的这一现象来看，夏代青铜鼎要铸上'百物'的图像绝非易事，夏代有无这种事情，当然无从谈起"②。罗琨也认为，"'禹铸九鼎'的传说，利用现代考古学知识很容易判定它是'伪古史'"③。而所谓"夏令九州牧贡献青铜，铸造九鼎。事先派人把全国各州的名山大川、形胜之地、奇异之物画成图册，然后派精选出来的著名工匠，将这些画仿刻于九鼎之身，以一鼎象征一州。所刻图形亦反映该州山川名胜之状"等云云更是无稽之谈。

古人之所以愿意如此记载文献，无非是欲明确地表明一种观念：鼎，在中国古代社会是最高权力的象征。黄帝"铸鼎"或"获鼎"都应是一种比喻性质的象征，与"尊轩辕为天子"相呼应，反映着黄帝时进入文明初曙的时代，但无论如何，不能说明黄帝时已经具备能够铸鼎的技术条件。毕竟冶铸铜鼎是一件极为复杂的工艺，需要采矿、模范、刻画、浇铸等诸多工种配合才能完成的。我们有必要探究一下史前时期关于"鼎"的真实器用。陶质的鼎在史前时期就已经大行其道了。最初，史前先民炊煮食

---

① 一夫：《九州九鼎溯源》，《炎黄春秋》1996年第8期。
② 马承源：《商周青铜器纹饰综述》，载上海博物馆青铜器研究组编：《商周青铜器纹饰》，北京：文物出版社，1984年。
③ 罗琨：《"九鼎"的传说及其史实素地的思考》，《中国社会科学报》2006年10月19日。

物是用平底的陶釜（类似盆的一种器具，但比盆腹深）加上支架一类的组合型工具。这在黄河、淮河、长江流域的史前文化中都能看到。河北南部太行山东麓的磁山文化、泰沂山脉北麓的后李文化、鲁中南山地东南的山前高亢地带的北辛文化等是用陶釜加石支架。而在长江流域有湘西北的彭头山文化、皂市下层文化、长江西陵峡两岸的城背溪文化、浙江宁绍地区的河姆渡文化等南方色彩的史前文化中，就将陶釜改为夹砂筒形平底盂，而用上端为三角形、中下端空心的陶支架代替石支架。但是在实际使用中，这种下端容有柴堆积并燃烧的空间的组合型器具，就显出搬用、存放的不便，在物力缺乏的史前社会尤为突出。能够搁置平底或圜底炊器的灶要到很晚才出现，所以带有三条或四条腿的陶鼎就应运而生了，陶鼎是陶釜和支架的结合体，鼎足起着支架的作用，这可以称为新石器时代陶炊器制作的一大进步，也奠定了商周时期拥有大量铜鼎的基调。许多铜鼎底部的灰烬炱痕也侧面说明这一问题。

《说文解字》"鼎"条曰："鼎，三足两耳，和五味之宝器也。"可见鼎是调和之器，有着具体而现实的器用的，但是《说文》中鼎是铜质还是陶质，未能详说。我们也只能再次借助考古学的知识来阐幽发微了。青铜鼎依照腹部形状的不同，可分为盆鼎、罐鼎、鬲鼎、盘鼎、束腰平底鼎、方鼎等六大类。其中大多数鼎都是煮熬或装盛肉食之用，器身铭文往往也有"镬鼎"或"羞鼎"的自名。如1988年太原市发现的战国时代赵卿墓中，就陈列摆放着几套鼎，考古统计有镬鼎1件，形制相同大小相差的羞鼎5件以及三套升鼎，另有蹄形鼎3件。镬、羞、升的分别来源于铜器铭文，以表明鼎在贵族钟鸣鼎食间不同的功用，好似西

1987年河南偃师二里头出土网格纹鼎

赵卿墓出土的一套附耳牛头螭纹蹄足铜升鼎

方宴会中需要几套不同的刀叉调羹。这其中，很明显看出镬鼎只是煮肉之用，因为现场发现了许多牛骨就置于鼎内。可见鼎只管煮肉，不具备调停五味的功能。这一点，许慎说错了。上古祭祀尚朴尚原始，煮肉就是用白水煮，并非如后世东坡肉在瓦罐滋味浓郁地炖煮。但是，商周人日常宴饮也不是食用无滋无味、少盐少醋的白肉的。西周以前与鼎同出的常有青铜豆器，尤其是浅盘豆——是用来盛肉酱、泡菜、醋酱之类带汁的食物的，古书称之为"菹醢"，是与铜鼎相配，蘸白肉佐餐的。

《说文》段玉裁注："三足两耳谓器形，非谓字形也，九家易曰：鼎三足以象三台也，易曰：鼎，黄耳。"鼎有着自身的鼎文化，但绝不与易学三台（或三才）相混同，青铜鼎最为显著的文化就是列鼎制度，单以学术研究就先后有郭宝钧《商周铜器群综合研究》，俞伟超、高明《周代用鼎制度》，林沄《周代用鼎制度商榷》，刘彬徽《论东周时期用鼎制度中楚制与周制的关系》等文章。虽然观点不一，但也逐渐揭橥堂奥，我们考古发现的虢姜列鼎、曾侯乙墓列鼎，以及前揭赵卿墓的列鼎都是很显见的实证。我们通常认为：西周时期天子用九鼎，诸侯用七鼎，大夫用五鼎，士用三鼎或一鼎。到了东周，则是天子、诸侯用九鼎，卿用七鼎，大夫用五鼎，士用三鼎或一鼎。可以说这样的配置是非常规矩的理想模式，来源于汉代何休注解《公羊传》桓公二年的说法，"礼祭天子九鼎，诸侯七鼎，卿大夫五，元士三也"。这样的说法又和"九鼎"的概念杂糅在一起。

实际上列鼎制度是学界的一种总结，是在"九鼎八簋"最高等级下的理想化模式，后来许多的讨论可以看作是一种调整，以便在非常标准模式下容纳动态变化。这种动态既有时间的推移，也有空间的变迁，如东周楚文化区，就不用奇数鼎，而用八件或十件鼎；也取决于个体的差异，甚或列器制度不局限于鼎器，还有列簋、列鬲、列卣等等。在诸多动态变化中，我们很明显地看到一种变化，即许多墓葬并未按照"天子、诸侯用九鼎，卿用七鼎，大夫用五鼎，士用三鼎或一鼎"的模式来，如前述赵卿墓，就见到超过其级别的鼎数。无独有偶，在上村岭虢国墓、湖北京山等墓葬中也发现类似的情况。这作何解释？通常的解释为僭礼、僭制下的礼崩乐坏，这恐怕不甚妥当，周王的统治力恐怕不会太弱，至少比我们想象的要强。于是，在东周社会中还出现一种用鼎变化，即葬制加等。《左传》僖公四年："凡诸侯，于朝会加一等，死王事加二等"，《仪礼·既夕礼》郑注"盛葬奠加一等"等文献，说明卿大夫死后哀荣可以逾越一级，卿用九鼎殉葬也是可以的。而周天子用几件鼎呢？李学勤先生认为，正常状态下是超过九鼎，而用十二件鼎。后来，"九鼎"的概念又与王孙满答楚王问鼎的故事联系在一起，这段故事在《史记》中也有详细的记载。

  八年，伐陆浑戎，遂至洛，观兵于周郊。周定王使王孙满劳楚王。楚王问鼎小大轻重，对曰："在德不在鼎。"庄王曰："子无阻九鼎！楚国折钩之喙，足以为九鼎。"王孙满曰："呜呼！君王其忘之乎？昔虞夏之盛，远方皆至，贡金九牧，铸鼎象物，百物而为之备，使民知神奸。桀有乱德，鼎迁于殷，载祀六百。殷纣暴虐，鼎迁于周。德之休明，虽小必重；其奸回昏乱，虽大必轻。昔成王定鼎于郏鄏，卜世三十，卜年七百，天所命也。周德虽衰，天命未改。鼎之轻重,未可问也。"楚王乃归。

可见,这时"九鼎"概念已经成为政治权力的物化代表,至于有没有实物已经不那么重要了。翻阅当时的文献,仅就《史记》一书,就可以看到"九鼎"使用是多么频繁。

> 周公复卜申视,卒营筑,居九鼎焉。(《周本纪》)
> 迁九鼎,修周政,与天下更始。(《周本纪》)
> 定王元年,楚庄王伐陆浑之戎,次洛,使人问九鼎。王使王孙满应设以辞,楚兵乃去。(《周本纪》)
> 威烈王二十三年,九鼎震。命韩、魏、赵为诸侯。(《周本纪》)
> 请以九鼎自入于王,王受九鼎而图犯。(《周本纪》)
> 秦取九鼎宝器,而迁西周公于㤉狐。(《周本纪》)
> (昭襄王)五十二年,周民东亡,其器九鼎入秦。(《秦本纪》)
> ……禹收九牧之金,铸九鼎,皆尝鬺烹上帝鬼神。遭圣则兴,迁于夏商。周德衰,宋之社亡,鼎乃沦伏而不见。颂云"自堂徂基,自羊徂牛;鼐鼎及鼒,不虞不骜,胡考之休"。今鼎至甘泉,光润龙变,承休无疆。合兹中山,有黄白云降盖,若兽为符,路弓乘矢,集获坛下,报祠大飨。惟受命而帝者心知其意而合德焉。鼎宜见于祖祢,藏于帝廷,以合明应。(《孝武本纪》)
> 黄帝作宝鼎三,象天地人。禹收九牧之金,铸九鼎。皆尝亨鬺上帝鬼神。遭圣则兴,鼎迁于夏商。周德衰,宋之社

亡，鼎乃沦没，伏而不见。(《封禅书》)

  周自知失九鼎，韩自知亡三川。(《张仪列传》)

  毛先生一至楚，而使赵重于九鼎大吕。(《平原君虞卿列传》)

  今以大王之力，举巴蜀，并汉中，包两周，迁九鼎，守白马之津。(《张仪列传》)

我们发现，"九鼎"多在鼎革或是局势未定之时使用。从感情色彩上来说，也有利用"九鼎"概念的可能，使得楚庄王或始皇帝有颠顸之态，后者是泗水捞鼎的故事。《史记》记载秦王政二十六年（公元前221年）初并天下为三十六郡，号为始皇帝，二十八年东行郡县上邹峄山，又南登琅邪，"还过彭城，斋戒祷祠，欲出周鼎泗水，使千人没水求之，弗得"。这似乎是"秦昭王取九鼎，其一飞入泗水"的余绪，秦始皇使千人入水求的怕是当年九鼎之中飞入泗水的那只鼎。但这本身就有一定的神话色彩，杨伯峻先生就说，"是则诸说云云，或皆古时传说"。稍后成书的《汉书》，在《郊祀志》中对这一说法修订为，"后百一十岁，周赧王卒，九鼎入于秦。或曰，周显王之四十二年，宋大丘社亡，而鼎沦没于泗水彭城下"。后来"泗水捞鼎"常出现在画像石上，以形象的方式深入人心。

到了汉代，先是文帝十六年（公元前164年）方士新垣平奏说，周鼎亡在泗水中，今河溢通泗，汾阴有金宝气，周鼎要出现了，要在汾阴南，临河建庙迎周鼎。后新垣平因诈称"金宝气"等事发被诛杀，并株连其家室宗族。因为这次周鼎与方士发生了联系，于是周鼎或九鼎就不完全是国祚国运的代表，也不情愿地沾惹了汉朝大行其风的黄老五方之术。武帝即位以后仍笃信黄老方术，方士们就在新垣平曾鼓吹迎取周鼎的三十七年后，诈称汾阴出土宝鼎，献于武帝，武帝大赦天下，改元元鼎。秦始皇、汉武帝都没有得到传自禹的"九鼎"，其后的帝王不再继续寻找，却"每有冶铸九鼎之议"，或者每遇铜鼎就想与"天子之器"相联系。如西汉宣帝时在陕西美阳县发现的古鼎，"献之。下有司议，多以为宜荐见宗庙"，仿效先前汉元鼎之故事。但当时学者如张敞等人释读鼎上古奥的文字，认为是名叫尸臣的大臣作鼎，铭曰：

　　王命尸臣：官此栒邑，赐尔旗鸾、黼黻、琱戈。尸臣拜手稽首曰：敢对扬天子丕显休命。

现在看来，张敞考释文字还是得当的，并认为将其作为文物进行研究，不进行神秘化；又认为此鼎是周天子"褒赐大臣"，"大臣子孙铭刻其功"，鼎又细小，兼有款识，不宜荐见于宗庙。而后，东汉明帝"永平六年二月，王雒山出宝鼎，庐江太守献之"。这本来也是一次类同美阳出鼎的正常发现，但少了张敞这等饱学之士，后来就变了意味。夏四月甲子，这位梦见过丈二黄金神人的汉明帝就下诏说，"昔禹收九牧之金，铸鼎以象物，使人知神奸，不逢恶气，遭德则兴，迁于商周，周德既衰，鼎乃沦亡。祥瑞之降，以应有德，方今政化多僻，何以致兹。《易》曰：鼎象三公，岂公卿奉职得其理邪。太常其以礿祭之日陈鼎于庙，以备器用"。这段诏书，明帝虽有自谦，但业已把鼎看作祥瑞、宗庙之器，甚至将鼎比附汉代三公，可能略有勖勉兖兖诸公之意，这里不去说它。

两汉之后，各朝历代陆续出土或献瑞铜鼎：

> 吴孙权赤乌十二年六月戊戌，宝鼎出临平湖。又出东部鄮县。
>
> 吴孙皓宝鼎元年八月，在所言得大鼎。
>
> 宋文帝元嘉十二年四月辛丑，武昌县章山水侧自开出神鼎，江州刺史南谯王义宣以献。
>
> 元嘉二十一年十二月，新阳获古鼎于水侧，有篆书四十二字，雍州刺史萧思话以献。
>
> （刘宋明帝）泰始五年五月壬戌，豫章南昌获古铜鼎，容斛七斗，江州刺史王晶文以献。
>
> 泰始七年六月甲寅，义阳郡获铜鼎，受一斛，并盖并隐起镂，豫州刺史段荣仏以献。

这并不是发现古代铜鼎的全部情况，在此期间也不完全只发现了铜鼎；还出土有铜钟、铜权，也被认为是祥瑞之物。这时的原初"考古"发现，帝王更多是将其作为福瑞祥气的吉兆，对进献者也会加官晋爵以示恩荣。至于君臣一气合伙仿制铜鼎或者"九鼎"的事情，也许有之，但记载不详。陈朝虞荔曾经撰写过一本叫《鼎录》的书，主要记载两汉魏晋南北朝时期铸鼎、用鼎的传闻，在"九鼎"极富神异又容易被强化神异的史学材料背景下，该书在流传中屡经窜改，真伪几近不可辨。到了武周则天女皇时候，就扎扎实实地铸起"九鼎"来。《资治通鉴》载武则天神功元年（公元697年）铸九鼎的过程。

政和鼎

夏，四月，铸九鼎成，徙置通天宫。豫州鼎高丈八尺，受千八百石；余州高丈四尺，受千二百石。各图山川物产于其上，共用铜五十六万七百余斤。

武则天当政之初，就玩过"河图洛书"的政治把戏，把国号改为"周"，意图象征王位乃天授，又重铸"九鼎"，并重建明堂。她将鼎置于明堂之内，各依方位排列，最大的叫永昌，高一

13

丈八尺，容一千八百石。另外，按照当时唐的州治划分，分别命名武兴、长安、日观、少阳、东原、江都、江陵、成都。余下的八件鼎都高一丈四尺，容铜一千二百石，显然是仿效禹鼎分九州的传说。在唐（或武周）九鼎上也铸刻着各州山川物产之象，完全仿照传说中九鼎模样铸造。

历史上好古且近乎于崇古的两位执政者，一是王莽，一是武曌则天。他们的好古、崇古、托古的举动，有部分的因素是源自政权属于非正常获得。王莽是前朝外戚，武则天是两代先皇的妃嫔，都不约而同地托古说本朝更近于周制，也就一举跨过前朝。这样一来，周鼎是必然要制作的。因为在文献或传说中，"九鼎"传到周朝的脉络还是清楚的。然而，"九鼎"之作，最具复古精神的举动莫过于宋徽宗了，徽宗本人文翰风雅，复古的举动更多是在文艺事业的维新。

《宋史》记载，宋徽宗崇宁三年（公元1104年）用方士魏汉津之说，备百物之象，铸九鼎，"取九州水土内鼎中"，到次年的三月才铸成，置于九成宫，中央一个称帝鼎，北方称宝鼎，东北方称牡鼎，东方称苍鼎，东南方称冈鼎，南方称彤鼎，西南方称阜鼎，西方称晶鼎，西北方称魁鼎。政和七年（公元1117年）宋徽宗又铸神霄"九鼎"，置柱上清宫宝官神霄殿，因此，历史上又有宋十八鼎之说。钦宗靖康二年（公元1127年）金人大举入侵，北宋帝后及宫中之物一并被掳。十八只大鼎被金掠去北方后，下落不明，再没人见到它们的踪迹。

从文献的字面记载来看，徽宗的仿古举动与王莽所差不多，持续的时间也差不多，只有二十五年。但徽宗酝酿准备时间实际很长，乃是积百年心力，且以真器为对象，经过反复准备研究和考证，方才动手。这是北宋带有意识的一种文化现象，也许赵佶本人可能觉察不到。徽宗以前的诸朝，积淀了甚为深厚的金石方面的学术背景，使得包括鼎文化的文学艺术一直沉郁着，发酵着，直到徽宗赵佶才最终结出馥郁之花。李零先生对此有专门的论述，"徽宗仿古，最初的想法和王莽相似，也是为了'制礼作乐'。比如他的祭太一，祀方泽，建明堂，立九庙，铸九鼎，就是属于类似的背景。但他的制礼作乐，是以'考古'为背景，有艺术鉴赏的品味蕴含其中，则是新的特点"①。

徽宗监制铸造的政和鼎现在藏在台北，器名虽有"政通人和"的政治寓意，但其气质直追三代，鼎腹兽面却有几分的温丽，如赵佶笔下的锦鸡。这不是简单的开炉造鼎，背后具有敦厚扎实的学术文化背景，比如吕大临《考古图》，比如徽宗定《五礼新仪》，比如新修聂崇义《三礼图》，比如赵佶自身的文化修养。陈芳妹说，"徽宗的'隆礼制乐'与前朝相比，因此有其更明确而绵远的目标及落实的方法……在大晟新乐乐成的同年，徽宗朝更实行九鼎制，铸九鼎，奉安九成宫，徽宗俨然更具备了周天子铸九鼎以掌握天下，君临天下的气势"②。宋人的好古并不是停留在口头上，也并不浅薄，像《考古图》的作者吕大临。前几年在陕西省西安市临潼区发现吕氏家族墓地，一座被认为是吕大临族兄墓中发现一只西周时期的铜鼎。"四奸"之一的蔡京则被徽宗任命为鼎礼仪使，并修成《鼎书》十七卷，《祭鼎仪范》六

---

① 李零：《铄古铸今——考古发现和复古艺术》，北京：生活·读书·新知三联书店，2007年，第83页。
② 陈芳妹：《宋古器物学的兴起与宋仿古铜器》，《美术与考古》，北京：中国大百科全书出版社，2005年，第347-457页。

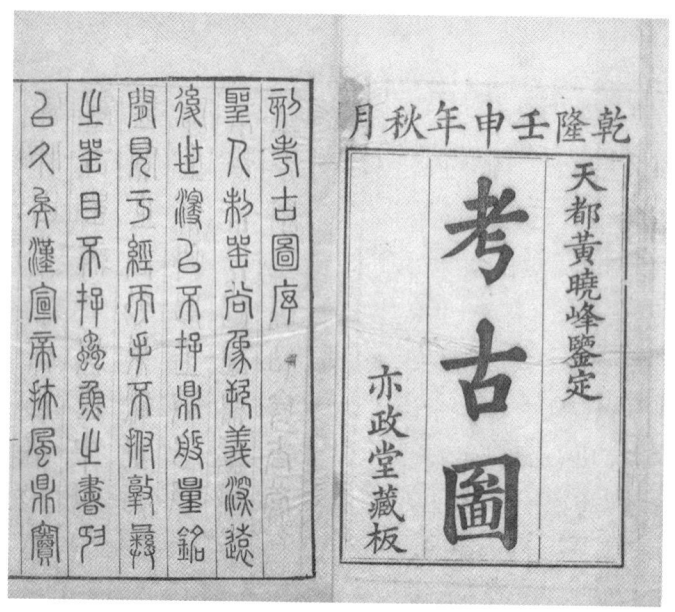

《考古图》书影

卷，且以每岁祀鼎为常典。徽宗及其官吏、文人名流，在礼乐学术背景下将九鼎之风制度化、规范化，可谓是集前世之功，萃当时之力，流后世之风。后来在清代乾隆时，也有类似之举。乾隆在某些方面过于附庸风雅，少年得志的君王在气魄胸襟上难于超迈紫禁城的宫墙。所以也不开炉了，仅用和田玉仿作周文王鼎、周友史鬲鼎，变成了三希堂中的文玩而已。

我们以"九鼎"来揭开鼎文化的序幕。虽然"九鼎"一说具有部分的史实素地，但也有更多的传说或虚妄之言，色彩也过于瑰丽奇绝。过分强调"九鼎"的说法，就很容易将考古发现的鼎及其文化杂糅至"九鼎"传说中，两者发生混淆后，甚而又与《山海经》嫁接，开始穿凿。如明代杨慎在《山海经后序》中说，"此《山海经》之所有始也。神禹既赐玄圭以成水功，遂受舜禅以家天下，于是乎收九牧之金以铸鼎，鼎之象则取远方之图，山之奇，水之奇，草之奇，木之奇，禽之奇，兽之奇。说其形，著其生，别其性，分其类……奇而不法者则备在九鼎。九鼎既成，以观万国……"，胡应麟《少室山房笔丛》也说，"盖周末文人，因禹铸九鼎，图象百物，使民入山林川泽，备知神奸之说，故所记多魑魅魍魉之类"，文义窜乱之甚。这恐怕是当时的风气，即使是一流的学者也无法避免。

不过，从另一个角度来说，"九鼎"的由来正是鼎文化发展到极致所产生的结果。罗琨先生亦认为，"现在知道鼎在商周是重要的礼器、祭器，在夏代乃至商初还是人神交通的神器，再向上追溯，原始宗教时代，鼎还可能与交通人神的法器有关。这是'禹铸九鼎'说产生、演化的基础"。鼎，这种样式的器物，首先是作为炊器为主的食器出现，在青铜时代成为礼器，甚至有些学者将其视为法器。他们所提炼的通神的秘法部分也基于九鼎的传说，然在其背后，最为实质的是，所谓鼎文化之深入人心。

饮食文化视野下的青铜器

俗话说,"食在中国"。在这个古老又奇异的国度中,距今三千年许,诞生过灿烂的青铜文明。实际上,在青铜时代,中国的饮食就开始摆脱蒙昧,与青铜之光相映成趣。那时的饮食文化已经具有一定的水平,但也无法用比较完备的八大菜系为主的饮食经验来看待。而饮食与器具又总是互相配合的,青铜器作为商周时期的饮食器具,情况又非常复杂,更多呈现的是一种放大或模拟形态。

正如雅各·布罗诺夫斯基(Jacob Bronowski)所指出的,"刀叉不仅代表餐具,更代表一个会使用餐具的社会所使用的餐具,而这个社会是个特别的社会"[1]。青铜器作为礼器或是祭器,其本源都是某种实用功能,而这种实用功能多半来自于饮食行为,这种饮食或烹饪活动带有自然和文化两个层面,"前者为消

---

[1] 转引自[美]亨利·佩卓斯基著,丁佩芝、陈月霞译:《器具的进化》,北京:中国社会科学出版社,1999年,第17页。

化,后者则从食谱一直到餐桌礼仪。食谱是对自然物质的文化精制,餐桌礼仪是在食物配制规矩上再加上食用礼仪,因此是二级文化精制。消化则是对已作过文化处理的物质再做自然精制"[1]。可见,商周时期的铜器虽然是礼制文明的物化形态,但绝不是固定的,反倒也可以动态解析出一些饮食文化的意味。

中国是世界农业起源中心之一,我国古人在新石器时代便培育出了粟、黍、稷、稻、菽等粮食作物。大约从夏商时期起,以狩猎和采集为主的华夏先民进入到以作物栽培为主的农耕时代,粮食作物开始成为人们饮食生活中的主导,正像王学泰先生所说,"夏商两代的统治者不仅在吃上日渐讲究而且也开始注重餐具、食器"[2]。可见,人们的口食之欲,对饮食的精致化要求推动了餐具的发展。在商周时期,由商王(或周天子)、诸侯、卿士大夫构成的上层社会所使用的最主要最为人称道的食器当属青铜器了。然而一涉及青铜器,就有一个相对复杂的问题。青铜容器作为炊器、盛食器之外,还是贵族进行宴飨、祭祀等礼制活动的重要礼器。青铜器在日常生活与仪式活动中没有特别明显的分野,除非是特别制作用来祭祀的铜器。在语言上也有相通处,《战国策·中山》中有"饮食馎馉"说法,高诱注说,"吴为食馉,祭鬼亦为馉"。所以,古人祭祀的礼制活动与日常饮食是杂糅在一起的。换言之,在宴飨、祭祀等礼制活动中所使用的青铜器,是生死观念之外的一种日常活动,即烹饪饮食。

---

[1] [法]克洛德·列维-斯特劳斯著,周昌忠译:《神话学:餐桌礼仪的起源》译者序,北京:中国人民大学出版社,2007年,第3页。
[2] 王学泰:《中国饮食文化史》,桂林:广西师范大学出版社,2006年。

我们从饮食文化的角度来观察青铜器，以前研究青铜器的学者很少涉及。张光直先生《中国青铜时代》收入了《中国古代的饮食与饮食具》一文，不过他本人对这一时期的饮食文化研究浅尝辄止后，就转而投向其他的研究了。然而张先生所言，"我之研究中国古代饮食方式，多多少少是身不由主的。在研究商周礼器的过程中，我逐渐觉察到要了解这些器物，必须先了解这些器物所用于其上的饮食"①，却提示我们应该对青铜器开展另一类型的研究。

在众多的青铜食器中，首当其冲的是铜鼎，所谓"钟鸣鼎食"。《说文》对"鼎"的解释说，"鼎，三足，两耳，和五味之宝器也"。许慎对器形虽说得不全面，但"宝器"业已将鼎在众多食器中的地位昭示。简单来说，鼎是烹煮器，但又不绝对。考古出土的鼎底部与足部带有烟炱，可以证明鼎确为炊器，但除煮食物外，亦可以用来煮汤（热水），或是宴飨时用作盛肉与盛调味品的器具。鼎的不同用处，大致可以依据鼎的大小和铭文中的自名来予以推断。用来烹煮的鼎，称之为"镬鼎"，是可以直接煮牲体等物。商代的司（后）母戊鼎、西周的外叔鼎的容积显然都可以达到这一要求。笔者曾参与测量外叔鼎的工作，这件西周大鼎能盛三袋五十斤装的小米，尚且有余。我们现在所见商代的大鼎大多可以认为是镬鼎之属。这种镬鼎不用来直接进献所煮食物，而是换盛小型鼎，来继续烹煮将牲体分解后的食材。这种略小的鼎称之为"升鼎"，升有"升进"之意，专用以盛放烹牲的

---

① 张光直:《中国古代的饮食与饮食具》,氏著《中国青铜时代》,北京:生活·读书·新知三联书店，1983年，第220-250页。

司（后）母戊鼎

鼎烹熟的各种牲肉，以铉扛运奉献于中庭。镬鼎、升鼎中所煮的肉大多是白肉，这跟当时常见不备五味的"大羹"类似，以清简之味飨上苍祖宗，以示不忘当初稼穑之难。除此之外，还有一种"羞鼎"，顾名思义，"羞"本指所盛形盐、蜜糖、梅酸、姜辛、酒香、豉苦等味的物品，而羞鼎则是进食时盛以各味品来佐主食之鼎的陪置之器。故此，一次饮食活动中，所用的鼎有镬鼎、升鼎、羞鼎三种。但是，这只是一个大致说法，实际情况远比这些

21

王子午鼎

复杂得多。两周铜鼎上的自名就有馈鼎、羞鼎、饪鼎、会鼎、馈鼎等等。虽然铜鼎自名并不一定要对应某一固定的用法，但从一个侧面也说明饮食活动并不拘以成法。当然，餐饮之中还是有些规矩的，即列鼎制。

升鼎又常有形制相近、大小相次的排列，如安徽省寿县春秋晚期蔡侯墓出土一组七件的蔡侯鼎，[1]河南淅川下寺春秋晚期2号楚墓出土七件王子午鼎[2]，等等。以升鼎为代表，可知鼎数的使用

---

[1] 安徽省文物管理委员会、安徽省博物馆：《寿县蔡侯墓出土遗物》，北京：科学出版社，1956年，第6—7页。
[2] 河南省文物研究所等：《淅川下寺春秋楚墓》，北京：文物出版社，1991年。

斜条纹鬲

分九、七、五、三或一——这样四种使用模式,即礼名太牢、少牢、牲和特之称。贵族大夫用鼎之数,是要与自身等级相合,实际情况要远比这个"完美"的模拟规定要复杂或灵活。如春秋时期,楚王就有用十鼎之例,鼎数较之"天子九鼎",已构成僭越,且不用奇数,而用偶数,更让人称异。在中原地区,又以簋与鼎两种器形相互搭配,具体情况我们也有所讨论。总体说来,列鼎的习惯肯定是有了。

鬲,早在新石器时代已经普遍使用。在新石器时代遗址的河南陕县三里桥就出土有陶鬲。青铜鬲最早出现在商代早期,大口,袋形腹,其下有三个较短的锥形足。袋形腹的作用主要是扩大受火面积,可以较快地煮熟食物;但它的缺点也很明显,如果用以煮粥,则袋状的款足很难清洗。正因如此,李恩江先

父乙甗

生认为，甗并非用于炊粥，而只是一种烧水器。从商代晚期开始，甗的袋腹逐渐蜕化，西周中期以后，形体变为横宽式，裆部分界宽绰。甗的形制变化表明，古人已经意识到甗的袋腹在炊粥时的不便之处，并着力改进，使之更为实用。到战国晚期，

三年师兑簋

青铜鬲便从礼器和生活用器的行列中渐渐消失了。这从另一方面表明了鬲作为炊具存在较大的缺陷，随着社会的进步，劣者必被淘汰。

青铜甗是上为大口盆形器与下为鬲的组合型器。甗专用以蒸炊，下面鬲盛水，甑置食物，其下举火煮水，以蒸汽蒸炊食物，作用同于现在的蒸锅。甑底有一铜片，通称为箅，箅上有十字形孔或直线孔，以通蒸汽。但在出土的商代铜甗中，多不见中间的箅，唯甗腰处内壁附有凸起的箅齿。殷墟妇好墓还出土有三联甗。

以上是炊煮器，还有簋、簠、敦、豆等盛食器。簋是食器中最常见的一种，主要用来盛黍粟等食物，一般与鼎并称，成为重要的固定化器物组合。如果说鼎如同我们现在所用的锅的话，簋

膳夫克盨

则意味着我们餐饮时的碗；鼎专用以烹饪或盛肉食，而簋则专以盛放黍稷食粮。其形制有有盖、无盖或有耳、无耳之别，有耳的又有两耳、四耳的形制变化。四耳的设计传达出更为重要的身份，也得到铸造技术的支持，但盖的有无更体现在功能上，罗福颐先生以为，"盖可以仰置，进饮食时从簋中取黍稷置盖内亦可食"，后期铜簋也多有盖。西周铜簋，很短暂时段中，在局部地域出现了足下多附有方座的形式。这多半是由铜禁转化而来的，而铜质的禁的前身则为漆盘形式，在宝鸡弲国墓地中有数宗发现。

簋绝大多数是圆体，西周晚期还出现一种长方体圆角的盖器，称之为盨。盨的功用与簋相近，实际上是簋的变种。较早一件盨，是陕西扶风庄白一号窖藏出土的，时间约在周孝王四年，即西周中期晚叶，可能还有更早的盨。盨流行时间很短，至春秋

龙耳簠

勾连雷纹敦 　　　　　勾连云纹豆

前期已罕见，形制变化亦不大，流行范围也大多在岐周、丰镐、成周三都王畿地区及相邻晋、应等诸侯国的中心地区。张懋镕先生认为，铜盨主要由西周中上层贵族使用，其作用是抬升饪食器在礼器组合中的地位。①

簠是一种长方形、斗状、器盖同形的铜器，也是盛黍稷稻粱的食器。器盖可互相扣合，盖口四周多有小兽钮下垂，加于器上可保持稳定。簠流行于西周晚期至战国时期，南方地区更盛于北方所用。春秋中期以后，出现了敦这种食器，且渐次流行。春秋时代的敦圆体加盖，如河北易县出土的齐侯敦；到战国时代，敦演变成盖器同形，全体呈卵圆形，受同时期鼎的影响，俗称"西瓜敦"。与敦关系密切的食器当为豆，铜豆大体有深腹豆、平盘豆两类，深腹豆与簠、敦相类，用以盛黍稷粮食，而浅盘豆则是盛菹醢等酱类。此外，在豆类器中，还出现一种柄部镂孔、盘极浅的器形，称之为"甫"或"铺"。与盨一样，流行时间较长，使用范围也极其有限，同样只在中上层贵族间使用。"铺"可能是文献中的"笾"，专以盛干果肉脯。

以上盛食诸器，使用功能和出现时间或有交错，不可截然而分，不同种存在共同使用，其器形设计也有互相参照、模仿的痕迹，甚至出现过渡样式，在青铜器研究中，被学者称之为"相生关系"，如豆形簠、簠形豆、盨形簠等。当然，商周时期，用以盛食的青铜食具并非上述几种，还有盆、盂、盒等，限于篇幅，暂不介绍。

---

① 张懋镕：《两周青铜盨研究》，《考古学报》2003年第1期，收入氏著《古文字与青铜器论集》（第二辑），北京：科学出版社，2006年，第85-113页。

进食入口的工具一般用骨柶,俗称"餐叉"。商代的骨柶,在形制上可分"叶"、"枋"(柄)两部分,材料有角质和木质两类。河南安阳西北岗一带发掘的则都是以动物的肋骨或腿骨为材、外形长方、上窄下宽、扁薄弧凸的器用;骨柶上的雕刻纹饰题材丰富,有各式复杂多变的花纹,如兽面纹、蝉、鸟、凤纹及几何图形。据古书记载,柶是祭礼中舀酒的工具,但据学界新的观点,骨柶有可能是早期的筷子。迄今为止,时代最早的铜箸发现于殷墟西北岗的墓葬中,一同出土的有盂、壶、铲、箸,各3件,陈梦家先生认为,所出土的铜箸应是一种用于烹调的器具,而类似今日的筷子作用的铜箸则要在春秋时期才出现。① 两周常见的青铜匕很可能是最早的羹匙,但也有不用于羹中。铜匕,曲柄浅斗,有椭圆形、圆形。匕柄有长、短之分,柄上多装饰有花纹。礼书上又分饭匕、牲匕、疏匕、挑匕四种,饭匕和牲匕常用②,挑匕、疏匕都是大型匕,可归为牲匕属,用以从鼎镬内取肉,再放到俎上,考古发现的大匕,多做尖勺状,便于分割牲体,兼舀肉汤。饭匕,型体较小,直接用于进食。战国中晚期始,伴随西周以来的礼仪制度的瓦解,大匕逐渐消失,小匕也趋于轻便实用。著名的一件战国早期鱼鼎匕,就是一件饭匕;虽然其铭与鱼鼎相配,但绝不是盛舀牲体的牲匕;俨然是我们现在所用的勺匙。

---

① 陈梦家:《殷代铜器》,《考古学报》1954年总第七册。
② 王仁湘:《中国古代进食具匕箸叉研究》,《考古学报》1990年第3期。

商周时期的菜品与青铜器器种的关系

我们稍稍梳理了与饮食有关的青铜器情况，至于某器中盛放什么菜品，还需要进一步探讨。古代制熟的主要食品有以饭、粥为主的粒食，以及糗、饼为主的粉食。从仰韶文化和龙山文化的遗址中，考古发现发现了鬲、甗、甑等蒸煮饭粥的炊具。这表明早在5000年前的早期社会，我们的祖先就会煮粥蒸饭了。

然而，古人的粥食比起现在分类更为详细，因稀稠不同或成分不同而名称各异。古时所言之粥，相当于现在的稀粥；飦、糜之类则指稠粥。《尔雅·释言》："䊠，饘也。"郭璞注："䊠，糜也。"邢昺疏："䊠、饘、粥、糜，相类之物，稠者曰糜，淖者曰粥。䊠、饘是其别名。"古人互相谒见后，设麦粥相请以为常礼。饻，因指麦粥。粥类食品的普遍，与青铜鬲的数量众多不无关系。铜鬲是最具有平民气质的一种青铜食具了。铜鬲在器形上，与陶质差别不大。有些铜鬲甚至径直仿制陶鬲，直接采用陶鬲上的绳纹或直棱纹，这样的铜鬲应该是用于日常饮食的，之所以用铜仿陶，是缘于贵族提升等级，炫耀式的消费。鬲的用途和鼎相似，都是主要用来烹煮的炊器，青铜鬲也有自名为"鼎"的。鬲不仅可以用来煮粥，也可用来煮肉。陕西长安普度村西周墓中的陶鬲内发现有豚骨，就说明器种并非专用，只具备单一的使用功能。这一点上，中外皆然，"餐具之所以如此繁复，是为了在不同的使用情况下达到最佳效果。……另外，为了简化餐具,设计者也要考虑让一件餐具具有多项功能"[1]。功能决定形式,因为多重功能的需求,在两类的青铜器的发展演进中,互相吸引、互相影响,产生出一种在形制上介乎二者之间的新品种。如鼎、鬲之间就出现了分裆鼎,即器腹是鼎的式样、裆部用鬲形便于增加容量和受热面积,这类器物又称"鬲鼎",可能兼有煮粥、煮肉的功能。

虽然可以食以定器,但也别拘泥看死。"任何一种器具的发明都是一种胜利。器具不断改进,新器具不断出现,都是在追求更好的功能"[2],但却无法将器具固定化,当然也不大可能。这是因为"发明的特色在于将现在的'元素'重新组合,建立新的'关系',可说是既有的改进,或是完成尚未圆满的组合"。既然是改进中的或是尚未圆满的组合,那么一旦"固定"就局限了器物发展演进中的生命力,妨碍人类对口舌之欲强烈而自然的追求,比如对肉食的渴望。

古人肉食中以牛、羊、豕最为重要,商周时期称为三牲。祭祀或宴飨时三牲齐全称太牢,仅有羊豕称少牢。《礼记·王制》:"天子社稷皆太牢,诸侯社稷皆少牢。"此三者,与鸡、鸭、狗、各种野味和水产品等都是古人盘中的美味佳肴。上层贵族对肉的进食极为讲究,畜、兽、禽因四时而异。《周礼·天官·庖人》:"凡用禽献,春行羔豚,膳膏香;夏行腒鱐,膳膏臊;秋行犊麑,膳膏腥;冬行鱻羽,膳膏膻。"但具体食用如前文所言,鼎煮牲

---

[1] [美]亨利·佩卓斯基著,丁佩芝、陈月霞译:《器具的进化》,北京:中国社会科学出版社,1999年,第44页。
[2] 阿尔伯特·亚瑟(Abbott Payson Usher):《机械发明史》(History of Mechanical Invention),转引自《器具的进化》,第44页。

肉大多是白水猪肉，所以分食食用时，通常要蘸酱的。

《周礼》中有"醢人"之官，即是掌管宫廷肉酱的制作。醢的制作较复杂，郑玄在《周礼·天官·醢人》注中记述了醢的制作，"凡作醢者，必先膊干其肉，乃后莝之，杂以粱曲及盐，渍以美酒，涂置瓶中，百日则成矣"。用以制醢的肉类品种众多，除较普遍的牛羊猪之外，野味、水产品也可以做成醢，如麋醢、兔醢、雁醢、鱼醢、蜃醢等。醢特指无骨的肉酱，而有骨的肉酱则称为臡。《仪礼·公食大夫礼》："宰夫自东房荐豆六，设于酱东，西上，韭菹，以东，醓醢、昌本；昌本南麋臡，以西菁菹、鹿臡。"郑玄注："三臡（即麋臡、鹿臡、麇臡）亦醢也。郑司农曰：……或曰麋臡，酱也。有骨为臡，无骨为醢。"孙诒让正义："三臡亦醢也者，对文则有骨为臡，无骨为醢，散文则通。"考古发现，在殷墟郭家庄出土铜豆里发现有鸡碎骨，说明当年此豆是装盛臡酱的，但是并非仅如二郑之论，用麋、鹿、麇的食材。此外，河北藁城台西105号商代墓，随葬陶豆中亦是留鸡骨在其盘。殷墟出土陶豆，也发现盛有羊腿或其他兽类肢骨的遗迹。由此来看，文献所记载的臡酱原料并不全面，这里存在如何看待及使用文献的问题。并非是文献如是说，真是如是事，需要加以考古材料综合分析。

具体而言，醢是带有汤汁的肉酱。《周礼·天官·醢人》："朝事之豆，其实韭菹、醓醢。"此处之豆器当是祖型源于陶豆的实柄豆器，器腹或深或浅。文献所言，豆盛濡物，笾盛干物。其濡估计就是因肉酱带汁的缘故吧。涉及豆器的饮食还有一道，即用豆所盛肉羹、肉酱浇在其饭上，称之为"飧"。《礼记·玉藻》："君未覆手，不敢飧。"孔颖达疏："飧，谓用饮浇饭于器中也。"这一吃法类似于现在四川等地流行起来的盖浇饭。《玉篇·食部》"飧,设盛礼以饭实也",略有失误处。

蘸酱之肉,或是配醢而蒸的粒食都是当时人们日常的食物。若是想要全面了解商周各种食物的话,还得要考察祭祀的场合。如同我们年节宴会自然要丰裕铺张些。郊祭,是商周人最隆重的祭祀活动,《周礼》上说是要九次祭天,但后世一般为三年一祭。除此之外,还有孟春祈谷、仲夏大雩、季秋大享明堂和四时迎气等常规祭天仪式。郊祭除牛、羊、猪、狗等牺牲外,还有其他祭品,如苍璧、青帛、笾、豆之实各十二。用笾盛形盐、鳆鱼、枣、栗、菱、芡、鹿脯、白饼、黑饼、糗饵、粉粢,用豆盛韭菹、醓醢、菁菹、鹿醢、芹菹、兔醢、笋菹、鱼醢、脾析、豚胉、酏食、糁食。登用太羹,铏用和羹,簋中盛稻、粱,簠中盛黍、稷。祭天所用祭器也很讲究。郊坛昊天上帝正位一般要设三爵,一登,簠、簋各二,笾、豆各十二,筐、俎、尊各一。配祀神位与从祀神位前的摆设基本相同。祭祀是必要分以等级,《国语·楚语下》中有所记载,"天子举以大牢,祀以会;诸侯举以特牛,祀以太牢;卿举以少牢,祀以特牛;大夫举以特牲,祀以少牢;士食鱼炙,祀以特牲;庶人食菜,祀以鱼。上下有序,则民不慢。"古代帝王祭祀社稷时,牛、羊、豕三牲全备为"太牢"。古代祭祀所用牺牲,行祭前需先饲养于牢,故这类牺牲称为牢;又根据牺牲搭配的种类不同而有太牢、少牢之分。少牢只有羊、豕,没有牛。由于祭祀者和祭祀对象不同,所用牺牲的规格也有所区别:天子祭祀社稷用太牢,诸侯祭祀用少牢。因食品的多寡,所用餐具也必然会增加或减少。

除这些正餐外,还有一些小食品。粔籹,类似现在的麻花、馓子之类，《楚辞·招魂》："粔籹蜜饵，有餦餭些。"可是设祭摆供、宴飨中，又如何盛放这些小食品、小点心呢？类似豆的一种浅盘镂柄的圆形器具可能用来盛放粔籹蜜饵的，当然也可以摆放干鲜果品。这种器，常自名为"铺"或"甫"，虽然有些学者将其定为文献中的"簠"，但我们还是定为铺，归入豆属。据笔者观察，茹家庄所出的四件铺（一件已毁坏，现存三件），其盘虽浅，但略有内凹，显然可以向上堆高物品，这样的器形是符合盛放类似麻花馓子或是干鲜果品的。目前所知，时代最早的铺器就是宝鸡茹家庄的这四件铺，其柄还可以明显看到用竹编制的祖型。文献上，将其名之曰"笾"，常与"豆"并列连称。南方楚文化地区不常见其器，仅有曾仲斿父等器问世，估计与南方地区多竹多木有关。可以大量使用竹、木豆（甫），恢复该器的原本面目。曾侯乙墓虽有铜豆出土，但另外的彩绘漆豆、彩绘鸭形豆都不逊色。

脯是先将肉切成薄片，再用盐腌制成干肉。而脩的做法更讲究，还要加上姜、桂、椒等调料调治。其他调料有糖、盐、梅、花椒等。糖的生产时间也很早，五味之一就为甘。在先秦时期，常用的甜味调味品为饴和蜜。饴是指麦芽糖，蜜是蜜糖。上古敬神多煮白肉，用酱蘸抹而食，肉酱中又常放入盐、梅以调味。铜器存在一种常见的组合——鼎、豆——就来自这种饮食习惯。鼎用以煮肉，浅盘豆是盛各种酱的，恰好相配。《诗经·周颂·载芟》："有椒其馨，胡考之宁。"郑玄笺："宁，安也。以芬芳之（椒）酒醴祭于祖妣，则多得其福右。"献上馨香的椒酒，让祖先神灵安享，以花椒酿成的酒称为"椒酒"或椒浆。花椒还有辟邪养生、熏香驱虫的功用。后世宫妃的住所称为"椒房"，来源于以椒和泥涂壁，妇女也有佩戴花椒之风。在早期的墓葬中，通过考古发掘，我们可以看到花椒的实物。如河南固始商代墓，河南光山黄君孟夫妇墓(春秋早期)，河南光山黄季佗父墓(春秋早期)，河南固始侯古堆1号墓(春秋晚期)，河南信阳长信关1、2号墓(春秋晚期)，湖北随县曾侯乙墓(战国早期)，湖北江陵望山沙冢楚墓(战国中期)，湖北江陵马山1号楚墓(战国中期)，湖北荆门包山楚墓(战国晚期)，河南正阳苏庄1号楚墓(战国晚期)，湖北江陵秦家咀楚墓(战国晚期)，湖北枣阳九连墩2号战国楚墓(战国中期)，都发现有花椒实物或痕迹，时代范围从春秋早期到战国晚期。

从器用之礼到器用之需

我们一向认为，饮食的自然需求和社会礼俗没有截然的划分，正如王学泰先生所言，"日常生活中的饮食在人群关系中是最能起亲和作用的形式之一。古代五礼（吉礼、凶礼、宾礼、军礼、嘉礼）都离不开饮食。饮食具有极强的凝聚力，是加强人与人联系的手段。它可使人与人之间、群体与群体之间产生一种和谐冲融的关系"①。但是具体对食器、食具的细节需要，还是有不同的表征的。在商周时期，饮食文化的萌芽阶段，"饮食"，如此家常的活动与政治联系甚为紧密。如所谓五礼就是一种"政治"，老子更以烹饪来比喻治国，"治大国若烹小鲜"。像《周礼》本是讲西周官制的书，但我们也能够从中大略看出西周宫廷的饮食风尚。当然，最实质则是《周礼·天官·冢宰》将"膳夫""庖

---

①王学泰：《华夏饮食文化》，北京：中华书局，1993年，第87页。

人""亨人""内饔""外饔""笾人""醢人""醯人"等一整套负责王族成员日常饮食生活的职官，统一归在掌理国务政务、辅佐天子治理天下的"天官冢宰"之下。可见，司味与司政也是合一的。尽管合一，并不是互相取代。礼用铜器在某种意义上说，正是该时期的饮食风俗，所以我们讨论商周时期饮食的变革，着眼点还是要在商周时期铜器的变化上。郭宝钧先生在《商周铜器群综合研究》一书中，将商周铜器划分三种组合：1.商至西周早期的"重酒"组合；2.西周中期至东周初的"重食"组合；3.春战时期的"钟鸣鼎食"组合。①这三种组合的变化恰恰说明了商周饮食风尚的两次革新。

一、以西周早期为界的"重酒"至"重食"的变化。

商周铜器的转变，在于"神器"与"人器"的变革。商代青铜器很大可能是祭祀的道具，而西周青铜器主要是标示身份等级，其礼器功能更多地体现在祭祀之外的朝会、宴享、婚聘、丧葬、约剂等活动中。②所以，在青铜餐具上，西周与殷商的区别不仅表现在食具多于酒具，还在于用比较抽象的纹饰替代商代以动物题材为主纹饰，风格也从繁丽走向了理性，乃至有点程式化。这说明，西周时的饮食活动更具有一种礼仪性。与国君进食，更要讲究揖让周旋之礼，必须有一定的程序。通常按共食的礼节，都由主人先祭，客人后祭，如果君赐臣食，臣可以不祭。

---

① 郭宝钧：《商周铜器群综合研究》，北京：文物出版社，1981年，第123-124页。
② 参见梁彦民：《"神器"与"人器"——商周青铜器礼器功能杂谈》，《陕西历史博物馆刊》第十四期，西安：三秦出版社，2007年。

君以客礼待臣，臣就要祭了，但也得先奉君命，然后才敢祭。上菜以后，侍食的臣子，要代膳宰遍尝各味，然后才能停下来饮水（或酒），等国君先开始，才能进食。要是有膳宰代尝饮食，臣就不必品尝了，等国君开始进食后就可以自用。但吃时也得啜饮以等候国君。国君在用菜肴的时候，要先吃近处的品类，一一尝过后，然后才能依自己的爱好来选食。凡是想吃远处的东西，必须先由近处的开始，然后才渐及远处的，这样可以避免进食贪多。而纯粹的"饮食之中的饮食"则要到了东周以后才会出现。

二、东周以后的"钟鸣鼎食"的日常化宴饮。

平王东迁之后，周天子不再有控制诸侯的力量，形成诸侯力争角逐的局面。周王也只得默认拥有较强经济、军事实力的诸侯国的地位。在这种政治背景下，青铜的应用空前广泛。除了贵族专有的种种礼乐器外，更多的青铜器在日常生活中开始出现，其中以青铜食具为大宗。合乎世间使用的器形、更加温暖象形的动物造型，渐趋取代了商、西周崇尚的凝重庄严，甚或狞厉神秘的青铜风尚。这些渐趋"理性化、世间化"的青铜食器反映在东周时人的饮食风俗上，则是薄"尊祖敬德"，而尚家庭的宴饮。东周出现许多嫁女青铜食具，也可见一斑。对于诸侯宴饮的赫赫扬扬的场面，我们当然可以从中山王𱾰墓、辉县琉璃阁甲墓、固始堆1号墓、曾侯乙墓等这些诸侯墓葬可以想见。仅以曾侯乙墓为例，出土的食具就有大鼎2件、升鼎9件、盖鼎9件、鬲10件、浅盘豆2件、兽形环钮豆1件、甗1件、炉盘1件、簋8件、敦10件、盒2件、匕14件、尊缶2件、大壶2件、禁1件、提链壶2件、鉴缶2件、尊盘1套、罐1件、勺3件、小口鼎1件、匜鼎1

件、盨缶4件、圆鉴2件、盘1件、匜2件、斗2件，纷繁复杂，眼花缭乱，这还不算漆器等其他材质的食具。面对这样惊异的青铜食器群，每一个人都有他各自的观感。文献中，甚至出现了"累茵而坐，列鼎而食"或是"食前方丈，罗致珍馐，陈馈八簋，味列九鼎"的说法。但不幸的的是，这与当时的真实场景有许多不符之处。

"累茵而坐，列鼎而食"出自《孔子家语·卷二·致思第八》，今本《孔子家语》成书于魏晋王肃等人之手，尽管不是伪书，但经历了一个很长的编纂、改动、增补的过程，其间一定羼杂了两汉时人语。如"累茵而坐，列鼎而食"就见于刘向《说苑》。后来，这种说法则是在许多中国饮食文化的论述中常被引用。"饮食方丈"出自《孟子·尽心上》，原文是"食前方丈"。"陈馈八簋"出自《诗经·鹿鸣之什·伐木》，原文是"于粲洒扫，陈馈八簋"。其余两句未见于可靠的先秦文献，也未有连缀成句的说法。至迟在《长生殿》的"食前方丈，珍羞百味"的文本中才出现将"食前方丈"与"珍馐"连缀的现象，《晚晴簃诗汇》更说"常人之乐乐富贵，食前方丈罗珍羞"。可见"食前方丈，罗致珍馐，陈馈八簋，味列九鼎"连缀而说则是比较晚近的说法，且极尽夸张赋比之能事。故此，此两句大致可以反映东周时期的宴饮情况，但是也只是个大概而已，能够勾勒想象的空间，而不足以引为学术依据。

随着历史的演进发展，当贵族饮食活动与它曾依附的宗教、制度及其形成观念形态背景有所松动后，这种活动变得更为纯粹一些，并且可以融入日常生活。在青铜时代，饮食中旧的文化意义逐渐被新的文化内涵所取代，然从其所属的文化主体的语言、文献与习俗中，仍能找出历史的陈迹。

礼崩乐坏：东周社会中的饮食文化现世意义

说起食具与政治的关系，其中最著名的就是《韩非子·喻老》里讲的一则故事，箕子对纣王使用象牙箸加以劝谏，"昔者，纣为象箸，而箕子怖。以为象箸必不加于土铏，必将犀玉之杯。象箸玉杯，必不羹菽藿，则必旄象豹胎；旄象豹胎，必不衣短褐而食于茅屋之下，则必锦衣九重，广室高台。吾畏其卒，故怖其始"。虽然"由奢入俭难"，但小小的一柄象牙筷也背负了太多道义了。其实，贵族真的不操心这个，《楚辞·离骚》中"杂瑶象以为车"，王逸注曰，"象，象牙也"，其句意为是用象牙装饰车辕。类似的说法，在楚简中也能觅见。这与崇尚器用华美的楚风不无关系。一双筷子能费牙料几何，与装饰的车辕上的象牙比，就是小巫见大巫了。

传统道学家多将其认为是"礼崩乐坏"的一种表现，然而从另个角度来说，也说明东周社会的生产力增强，整个社会积累了较多财富。退一步讲，也是人们与大象的争斗占了上风。[1]列国国君的铜器数量众多，甚至士卿大夫所用的铜器都能达到令人惊讶的地步。1988年山西太原金胜村发现了赵卿墓。考古学者认为，这座墓的主人为赵简子，身份是执掌晋政的六卿之一。墓内出土了镬鼎1件、羞鼎5件、以及三套升鼎组合，鼎数分别为7

---

[1] 参见[英]伊可懋（Hark Elvin）著，梅雪芹、毛利霞、王玉山译：《大象的退却：一部中国环境史》(The Retreat of the Elephants: An Environmental History of China)，南京：江苏人民出版社，2014年。

子仲姜盘（现藏于上海博物馆）

件、6件、5件。此外，还有蹄形鼎3件、鬲5件、甗2件、豆14件、簠2件、壶8件、鸟尊1件、鉴6件、罍2件、匜2件、舟4件、盘2件、炭盘1件、格2件、勺6件、肉钩14件，器形精美，蔚为壮观。虽然赵简子的地位在晋国比较特殊，假如没有东周时的社会生产力，能够随葬如此众多的铜器也是不太可能的。

春秋晚期的青铜器，重新使用繁缛华丽的纹饰，但与商末铜器的神秘气息不同，呈现出清新秀逸之气，如新郑李家楼大墓出土的莲鹤方壶、随县擂鼓墩1号墓出土的盘尊等铜器，器物上的纹饰已到了无以复加的地步。这种具体反映在食器上的制器风格，或可归结为东周人更为注重现世意义，以自然神、祖先神为代表的各种神祇渐趋退出他们的心灵生活，他们更专注于自我宴饮活动。不惟如此，他们还将宴饮享乐场面传摹在所用的器具上，如1977年陕西凤翔高王寺出土的这件镶嵌宴饮铜壶上的纹饰。他们还用错金银、错红铜、镶嵌、透雕、刻划等手法装饰青铜质地的食具、酒具，仿佛亦是点染他们自己的生活。他们的生活是摆脱了鬼神观念的束缚，清新的、世俗的、新式样的铜食具也在这一时期频频制作，如1989年山西闻喜上郭村出土上海博物馆所藏两头龙纹流鼎、黄君孟及其夫人折肩盂形三角镂孔柄豆、上海博物馆所藏子仲姜盘、1977年河北平山出土的错金银四龙四凤方案、美国旧金山亚洲艺术博物馆所藏的战国时期龙形方炉，其式样新颖、纹饰出众。特别是子仲姜盘，盘心的龟、蛙、鱼、水鸟等立体动物造型都能作360°旋转。这些铜器反映了工匠摆脱制作传统的约束，开始尝试不同的新样式。同时，新兴的贵族也在食具上有所竞争，甚至带有炫技的意味。东周时期的青铜器既有工匠技术的可能，也有社会的需求，器种的繁复、工艺的精美，均体现着这一文化背景，也使得东周的饮食文化进一步精细化。与商周时期以"神""祖"为思想根源的饮食文化不同，这是贵族的自觉要求，也是器具与食物共同的要求与体现，其中浸染着世俗的人间兴味，活泼的生活气息迎面扑来。

繁华过后又转为低潮，战国中期之后，青铜食器一改华丽的作风，彻底转变为全素面青铜器，器形也逐渐变为普通，且成为定式。越是常见的器形，素面的越多，如战国晚期墓出土的鼎、豆、壶食器组合中，大多都是素面为主，无外乎再增饰几道简单的弦纹。这种现象与青铜文化逐渐式微有关，更主要的原因还在于，战国群雄较力争雄、中原逐鹿，己国所能够控制的铜料资源大多都用来制作征战的武器，如矛、戈、剑、铍、镞等，也就无力用愈加珍稀的战略物资来造锅做碗。同时，以南方楚国为代表的文化先进地区率先大规模使用漆器作为食具。这样一来，既解决了铜料资源有限的问题，也从中培育了他们器用华美的审美趣味。

漆器虽然也有资源性，但比铜器来得要便宜些，用作食具也更加轻便，且便于施敷云气、龙凤等复杂的纹样。其实，在西周时期就出现许多漆器，还有承托铜质酒器的漆盘，只不过没有实物保存下来。而这时可以看到各种漆器，如漆、漆豆、漆壶、漆杯，漆衣或红或黑，绚丽夺目。不过，这些漆器都是在墓葬中发现的，数量、器种乃至色彩与生活场景对应的情况，不得而知。事物并非那么绝对，战国中晚期后，贵族宴饮中普遍使用漆器外，有财力的人士仍然继续使用铜食具，而且是两者一起配合使用。在曾侯乙墓中，也出现了华丽的铜豆，与同样奇异精美的漆豆一同为曾侯乙所用。

当然，时代愈迟，青铜食具的身影愈为寥落，甚至以一种异样的现象出现。为了便于储藏存放，人们将青铜器具设计得更为简便和多功能化，却器和套器也就应运而生。却，指的是却置，通常是将器物的盖子翻转成为另一件盛具，盖上的捉手就用来作为支脚。在西周中期之后出现的以盨为主的器形上，可以看出却器的雏形。不过那时盨盖却置后，只是一个浅浅的盘子。到了战国时代的敦、豆等器物，器盖却置之后，形成的另一件器物的容量与主器相近，显然是一器分作两器之用。而套器上的设计思想就更为显著，目前所知时间较早的一组套器是范季融、胡盈莹伉俪收藏的战国中晚期一组五件套筒形器。其中最大者高14.8

厘米、口径5.6厘米、腹深12.7厘米，最小者高10.3厘米、口径4.8厘米、腹深9.7厘米。套器的出现，是餐饮用具的革新；但只是沿用至西汉。中山王刘胜墓中发现一组五件套的套杯，且有纹饰和鎏金工艺，所用模范既多且小。此外，墓中还出土一组九件钵形器套装器具。所谓套器的设计思路是在有限的空间内达成最有效的功能，也受到铸造工艺的很大影响。

无论如何，西汉时期，已经是青铜时代的尾声，其微可见。这种衰微，从某种意义上也可以说来自于世俗日常化。世界总是一体两面，并充满矛盾和不可预见性。

羊形铜器的隐喻

在青铜器上，有许多动物形象，羊的形象也较为常见，甚至出现做成羊形的立体器物。这些带羊的形象的铜器，在商周时期的南北方都有出现，但寓意却不尽相同。而且，随着时代的演进，铜器上的羊形则具有了另外一重含义。

提到羊形青铜器，大家最为熟知的莫过于四羊方尊了。这件铜器自20世纪30年代出土于湖南宁乡之后，就闻名遐迩。1938年，湖南宁乡月牙铺村民姜景舒在附近山上种地，意外挖出这件四羊方尊。①出土及运输的过程中，器物的口沿及其他部位均有不同程度的损伤。后来，很快被贩卖到长沙的古董市场，因参与人员的分利不均，被其中一位姓杨的人告发。长沙县政府将这件铜器没收后，暂由湖南省银行保存。在移交银行库房前，方尊曾在时任湖南省政府主席的张治中的办公室待了一段时间。②不料，

---

① 傅举有：《国宝四羊方尊》，《学习导报》2004年第6期。
② 喻立新：《四羊方尊器盖考略》，《长沙大学学报》2015年第3期。

1939年下半年，日军进犯长沙，湖南省银行转移到沅陵县，但后遭日机轰炸库房，这件国宝碎成二十余块。1950年，周恩来责成文化部追查方尊下落，在湖南省文物管理委员会的专家蔡季襄的多方奔走查询后，才在中国银行湖南省分行的库房中找到碎片，经文物修复名手张欣如修复，这件重器重获新生。[①]现在，人们也还能在中国国家博物馆的展厅中安静地端详它。

这件四羊方尊为商代晚期器物，高58.3厘米，口边长52.4厘米。如果我们再进一步观察，便可看到方尊更为细致的器形及纹饰，"大方口，长颈，折肩，浅腹，高圈足，四隅及每面中分线设有棱脊。颈饰蕉叶形龙纹及兽面。肩饰高浮雕的龙纹，圆雕的龙首突出于肩中部，龙体蜿蜒于器肩。器腹由四头大卷角羊合成，羊首耸于器肩四角，尊腹四隅为羊的前胸，四羊相合形成尊腹，羊腿置于圈足上，羊首饰雷纹，背及前胸饰鳞纹，两侧饰有优美的长冠凤纹。圈足饰龙纹"。因为这件四羊方尊出土时间很早，也较早公布材料，[②]所以很快地进入到中国美术史的视野内。当时的文博界与美术史界互通声息，许多通达之士既知艺术又晓文物。故此，四羊方尊甫一出世，就被艺文人士所知悉。现在几乎所有美术史通史或是有关先秦艺术的论著，都绕不开这件并不算十分高大的四羊方尊。比它尺寸大的铜器还有不少，但一部部著论下来，层累式地使四羊方尊变成中国美术史乃至青铜鉴藏史中的一座高山。

然而可惜的是，许多关于四羊方尊的书写，多半只是一种简

---

① 梁勇：《国宝重器四羊方尊身世揭秘》，《文史精华》2012年第10期。
② 高志喜：《湖南宁乡黄材发现商代铜器和遗址》，《考古》1963年第12期。

湖南宁乡出土四羊方尊

单而空泛的描述，更有甚者是因袭转录。于是乎，造成了一个非常奇怪的现象：四羊方尊在中国美术史上被认为是一个高峰，却缺少有效的讨论，除去平实的描述外，就剩下无比拔高的艺术水平上的赞颂，如"器物的造型设计与艺术装饰融于一体，精丽刚劲的纹饰代表了当时非凡的铸造艺术"，等等。我们觉得，应该先行在羊的动物形象以及器物类型上做本位层面的研究，再延续到结构逻辑以及叙事语言上的深层讨论，从而能够避免之前那种空洞乏味的赞语式研究。四羊方尊在动物形象上有着真实空间与画面空间两种世界，四羊首分别在四角，不在器物四面正中，这在空间上有了向前探首的可能。出于视觉延展度的允许，基于正下面的两腿，再分别向每一器物面正中"借"来一条腿。这样在每一个单元的叙述语言逻辑是完整的，尽管看起来四肢的比例也并不是现实中的比例。这就是所谓"逼真"的背后。我们用到"借"这个词，其实是不得不借，因为每个单元的羊首都要与相邻两面商借，即要完成四羊的整体图像叙事，每一正面中间的那条羊腿都要"出借"两次。语法是一个闭合，要完成这个闭合，既要有硬性的，给予骨性的支撑；也要有软性的，建立内部的循环。而美术史要做的是解读这种闭合存在的结构，并把它适当地解构出来，在更大语境中形成更多的可能性。

然而遗憾的是，因为不属于中原铜器，器形又属于普通形制，也无铭文，四羊方尊在很长一段时间内，不同程度缺席于以考古学为背景的青铜器研究。四羊方尊不属于科学考古发现，大多视为传世铜器，重视不够。方形铜尊只有十来件，时代在殷墟二、三期，有墓葬完整材料的也只是妇好墓与安阳郭家庄160号墓。在如此的器物发现史下，四羊方尊就显得极为特殊，可所谓的研究始终停留在对单纯"美"的诠释上。这种遗憾不应该是留给这件羊形方尊的，何况各种读物把它说得那么好。即便是简要地分析器物的形式，"器身上的8条齿状扉棱随器表而起伏，掩饰了合范时留下的范线痕迹，同时又将单调的器壁均分为八部分，

殷墟160号墓出土方尊

打破了器表的平淡格局,增加了器表起伏的节奏感"①,也实属难得。在铜器研究中,方器比圆器的等级高已成为一种共识。方形器物不会单独出现,常和方鼎、方彝、方罍、方壶一起出现,起着抬升地位的作用。方尊只占尊器绝少部分,且大多出现在大型墓葬中。足可见四羊方尊是具有一定等级身份的器物。

---

① 田小娟:《青铜器上的羊》,《文物天地》2015年第2期。

还有一件现藏于大英博物馆的双羊尊也值得一提。与四羊方尊一样，双羊尊也是出于湖南宁乡，但器形有些不同，"吻部稍短，颔下有勾曲形棱脊以为羊须，角大而弯曲，尖角翘起，颇为传神。尊筒饰弦纹以及平面凸起的兽面纹，双羊形尊腹饰鳞纹，腿饰龙纹，龙首下探"[1]。双羊尊体量不算甚大，高45厘米，但两羊相对而造，共同构成一个器腹；羊首上昂，逼真拟形。共同形成的腹部中空，其空腔可以盛酒，其上通一口，作为注酒的孔道。器物下部利用羊的足蹄作为器之四足，承担整件尊器的重量。这件双羊尊的器形与动物形象之间更为独立，比如每只羊只选取前肢组成器物主体以外的形象，对于后肢的造型问题并没有在结构上予以交代。这种大胆的截取动物素材使得羊的形象在叙事中并不完整，甚至造成器形抢占动物形象之势，已经开始不顾及动物形象的完整性。然从另一个方面而言，在器物造型上，寓羊于形的手法就显得更为自由，其设计理念较之四羊方尊也更为先进。它的制作时间有可能晚于四羊方尊。

在四羊方尊与双羊尊上出现两种不同面向的制作，应该是属于器物器形与之衍生的动物形体交错现象，其中发生了一定的借用关系。大英博物馆的双羊尊是两个动物形象之间的借腹，四羊方尊则是在借足。四羊方尊更为看重器形，仅在四角做出突出的四只羊首，而羊足仅塑造在圈足表面；双羊尊则更让渡于羊的形体，甚至对器形有所降低，"对于整体造型的准确性并不十分看

---

[1]《中国青铜器全集4·商4》一三三"双羊尊"条目下，北京：文物出版社，1998年，图版说明第38页。

双羊尊（现藏于英国大英博物馆）

重"①。我们不太清楚其"准确性"是针对器形还是羊的形体，但无论如何，羊形开始走向独立于器形的塑造之路。从另一方面来

---

① 王朝闻、邓福星主编：《中国美术史·夏商周卷》，北京：北京师范大学出版社，2011年，第221页。

说，因为这种独立性，在形体上的迁就于器形也是可以理解的。相反，因为四羊方尊的四足是附丽在圈足上的，所以就无后顾之忧，可以更为大胆准确地表现之，"每只羊只露出两前蹄，由于是以浮雕手法铸于圈足之上，可以真实地表现羊腿的瘦长，而不必如双羊尊或牛尊那样把腿部做得很粗短，以保证器身的牢固"[①]。所以，时至今日不能仅以"美术"的眼光看待是否逼真准确，"羊首写实逼真……铸工严谨精湛，造型沉稳庄重"[②]，而更应看到器形与动物形象之间的关系，乃至铸造工艺。此外，还有一件双羊尊藏于日本根津美术馆，尊腹部更大，以羊腿形成的器足则更短，动物形象愈加让渡给器物及其功能。

  关于这三件的出土地，四羊方尊有比较明确的出土地点，大英博物馆的双羊尊很可能也是南方所出，根津美术馆的双羊尊也被认为是"出自长江流域地区"[③]，所以在尊上设置羊形的做法应该是南方铜器风格。湖南地区出土过许多与羊有关的铜器，起初关注的是图像的造像，"从器形、纹饰特征来看，湘东北的'羊'器，器形大、羊首突出，形象逼真，又铸塑在重器之上，其肩部羊、鸟或羊、龙并立，器形多为尊"[④]。以往，受到容庚先生"尊在礼器中，仅次于鼎，尊所以盛齐酒，用之于奉献"[⑤]的说法，很直接地就把带有羊形的器物认定为是芈姓部族沟通人间与天地、

[①] 王朝闻、邓福星主编：《中国美术史·夏商周卷》，北京：北京师范大学出版社，2011年，第221页。
[②] 贺西林：《极简中国古代雕塑史》，北京：人民美术出版社，2016年，第9页。
[③] 《中国青铜器全集4·商4》一三二"双羊尊"条目下，第38页。
[④] 汪松桂：《试谈湖南晚商青铜器上的"羊"饰》，《江西文物》1991年第3期。
[⑤] 容庚、张维持：《殷周铜器通论》，北京：文物出版社，1984年。

先祖之间关系的奉献品。现在看来，羊的动物形象更多服务于器形，"从出土的情况看，湘东北的饰'羊'器均出自窖藏，多为单个出土，且多出自山顶、山麓、河边，很可能是当时祭祀山川、湖泊、风雨、星辰后的遗物。而殷墟铜器多见于墓葬或祭祀遗址，且多件同出"[1]，似乎是少牢礼中用羊作为牺牲在器物上的交融。于是，才会出现四羊方尊的"完美"形态，以及双羊尊式的探索之作。这类羊形铜器多被认为是本土器物，至于说工匠具体是何等人士，有多种说法。其中一种观点认为是商人南下的工匠，"湖南晚商时期的'羊'器，保留有许多中原青铜文化的风格，但其浓郁的地方特征又相当突出，应该是这一时期商人南下（包括铸铜工匠），把典型的中原文化与当地的土著文化加以融合的结果。其铜器造型风格和熔铜的陶器，再加上湘东北距盛产铜矿的大叶铜绿山和瑞昌铜岭遗址相邻，又无天然屏障，毋庸置疑，这些'羊'饰铜器，很可能产于湘东北，而不可能是商人南下所携带之物"[2]。不过，现在也有一种南方工匠将先进的技术传入殷墟的说法。

除此之外，在一种名为瓿的铜器上也常见有羊首饰。其中以江西博物馆藏的新干大洋洲四羊首瓿为代表[3]，此外还有故宫博物院藏的三羊首瓿[4]、上海博物馆藏的四羊首瓿[5]。对此，一些学者做

---

[1] 汪松桂：《试谈湖南晚商青铜器上的"羊"饰》，《江西文物》1991年第3期。
[2] 汪松桂：《试谈湖南晚商青铜器上的"羊"饰》，《江西文物》1991年第3期。
[3]《中国青铜器全集4·商4》九二，第91页。
[4]《中国青铜器全集4·商4》九七，第96页。
[5]《中国青铜器全集4·商4》九八，第97页。

新干大洋洲出土四羊首瓿

过相关整理①，我们大致可以看到殷墟一期的山西石楼后兰家沟三羊首瓿②，以及时代在殷墟二期的陕北绥德墕头村三羊首瓿③、陕西

---

① 孙妙华：《中国古代青铜器整理与研究·青铜瓿卷》，北京：科学出版社，2017年。
② 郭勇：《石楼后兰家沟发现商代青铜器简报》，《文物》1962年第4、5期。
③ 黑光、朱捷元：《陕西绥德墕头村发现一批窖藏商代铜器》，《文物》1975年第2期。

三羊首瓿（现藏于故宫博物院）　　四羊首瓿（现藏于上海博物馆）

南部的三件三羊首瓿[1]、江苏江宁的三羊首瓿[2]。从时代较早的山西石楼一件可以推测所谓三羊首瓿首先出现在北方地区，此后的几件虽然同属于殷墟二期，大致可以划出一个从北向南的流行路线，故宫所藏的一件虽然出土地不详，但应该在这条路线上。而四羊首瓿，最早的一件可能是岳阳鲂鱼山出土的一件[3]，时代在殷墟二期晚段。而上海博物馆所藏的那件四羊首瓿为上海冶炼厂废铜中拣选而得[4]，从这一出处也大概推测其出土于南方地区。而上博另外一件也应该是同地区的产品[5]，腹部的涡纹与亚形纹相间，陈佩芬认为是商代早中期的手法，而殷墟却没有出现，可见是殷人工匠或工艺流传到南方，为时代上的滞后性反映。我们大致可

---

[1] 赵丛苍：《城洋青铜器》，北京：科学出版社，2006年。
[2]《中国青铜器全集4·商4》九六，第95页。
[3]《中国青铜器全集4·商4》九三，第92页。
[4] 陈佩芬：《夏商周青铜器研究·夏商篇》一八一，上海：上海古籍出版社，第373页。
[5] 陈佩芬：《夏商周青铜器研究·夏商篇》一八〇，第371页。

江苏江宁出土三羊首瓿　　　　　　　　湖南岳阳鲂鱼山出土四羊首瓿

内蒙古宁城小城子那苏台出土跪姿羊饰

以认为，三羊首瓿起源于北方地区，并逐步流传到南方地区。南方地区吸收了羊首饰的因素，并结合本地铸造工艺，改造成四羊首瓿的器形。实际上，从三羊首到四羊首并不是简单多了一兽首的问题，其中有着复杂的铸造工艺[1]，这里不过多讨论。不过四川三星堆也出土有三羊首瓿，但是具体装饰为三羊三鸟相间装饰，还是有种对称理念在其中。与此同时，三星堆还见有四羊首铜瓿，对称性的铜器更为主流。

值得注意的是，铜瓿也是酒器的一种，很有可能是用来储存酒液的。可见与羊形有关的两种器物都与酒器关，用酒祭奠与羊之间很有可能存在某种联系。从"尊"的古文字字形来看，乃是指高阜上放置酒尊，有些金文字形还生动地表示出酒液因置地不稳而洒出的情形。可以看出尊是用以祭山或祭天的，而羊在上古之时，属三牢之一，与牛、猪共称为三牢，乃是祭祀大礼的用享。《诗经·周颂·清庙之什·我将》中有"我将我享，维羊维牛，维天其右之。仪式刑文王之典，日靖四方。伊嘏文王，既右飨之。我其夙夜，畏天之威，于时保之"这样的诗句。这时，羊虽用以吉礼、嘉礼，但本身的形象恐怕并没有吉祥这种含义。从两件双羊尊上的龙纹处于从属地位也可以侧面印证。我们讨论比较久远的事物，切忌避免用近世的概念逆向硬推，应该考虑整个观念的生成发展过程。

羊作为三牢中的牺牲，只是因为这三种家畜在当时比较珍

---

[1] 详见张昌平：《商代铜瓿概论》，高崇文、安田喜宪主编《长江流域青铜文化研究》，北京：科学出版社，2002年；张昌平：《乳钉雷纹蛙饰瓿与与四点配列式鼎》，《上海文博》2009年第2期，后收入氏著《方国的青铜与文化：张昌平自选集》，上海：上海人民出版社，2012年，第252-261页。

贵，因此能够以示尊隆，比如牛用以耕种甚至战争，所以只在太牢中使用，而在较低等级少牢礼中却只用猪羊。即便如此，也都是弥足珍贵之物。比如在《左传》中，有着"祭以特羊，殷以少牢"这样的说法，西晋杜预又注说，"四时祀以一羊，三年盛祭以羊、豕，殷，盛也"。可见在平常日子里，使用羊来祭祀，虽然等级较之太牢为低，但也更为寻常易见。少牢礼轻频用，故也能够播迁到湖南等地，又因是"地远人自偏"的缘故，使得羊形能够"自由"出现在高等级的铜器上。在显现器主身份地位之余，不减威严地增添浓郁的生活气息，不失自然趣味。

相比而言，北方青铜器中也带有羊的形象，也更有地方特色。在这些羊的形象中，有许多被认为是绵羊形象。这应该只是多种动物纹样中的一种，是对自然生物的一种写照。纯粹北方铜器中的羊与其他草原常见动物一样，都是对真实场景的模拟。不同于中原铜器图像制作，北方铜器同时具有多种动物形象，且分主次，多在短剑、刀、勺等实用器物的柄首上加饰鹿、马、绵羊及鹰头形象，显然是由器具用途产生了狩猎等人物活动，从而衍生出直接的图像表达。不过，在匕的柄首主要装饰有蛇头，其图像意义不详，在个别铜匕柄首上也有塑造人头形象者。北方铜器上的羊形装饰也多作为次要纹饰，如陕西清涧县解家沟出土的一件铜勺，柄首为盘角羊头，柄上则铸有完整的虎和犬的形象。

其实，所谓北方铜器，西方学界称之为"斯基泰—西伯利亚"风格的铜器，涵盖整个西伯利亚及其周边地区，横跨整个欧亚草原，发现铜器的地区也多有山地或高原地貌，亦称之为"鄂尔多斯"式铜器。此种风格的铜器重视以剑为主的兵器，以及起到束带作用的牌饰。平面化的牌饰使得其上的动物纹饰具有剪影

羊灯

形式，尽管因铸造关系而凹凸不平。在这些牌饰中，有不少羊的形象，且多为虎噬羊的动物组合，青海、内蒙古等地都有出土，是自然情景的生动写照。除此之外，也不乏有立体羊饰的作品，如内蒙古宁城小城子那苏台出土的的铜羊，呈跪态，在腹部中空处，能够构成一个颇有深度的空腔，可能用在杖首等处。以前，受到西方雕塑知识的影响，将其称为"圆雕"[1]，其实并不合适。

西伯利亚风格铜器最有代表性的器物当属铜鍑，为深腹、双

---

[1]《中国青铜器全集15·北方民族》，第74页。

耳，三支圈足，可直接在下面生火炊煮，其器形与功能非常适合草原民族的移动性。铜鍑的双耳上端多有乳突状的铜瘤，之前认为是对动物特征的模仿。这一说法是从对剑、环首刀的突起的解释延伸到器物，"环首上的乳突应当是对牡鹿（或羊）犄角上的瘤状突起的模仿"，从而认为是草原部落对羊或鹿等动物的自然崇拜。这一说法有过度阐释之嫌，乳突首先是功能的表现形式，之后才是其他外向性衍生的意义。刀剑上面的乳突可以认为是对动物犄角的模仿，"这些突起位于动物犄角部位，而且有的特意表现三个突起，由此可以推测，刀剑环首上的突起装饰应当是对牡鹿、牡羊等食草动物犄角上的瘤状突起的模仿，因此，整个环耳被赋予犄角的含义，是犄角简化以后的表现形式"[①]，这与早期人们将鹿角、羊角当作工具的情况不谋而合。但将铜鍑耳上的突起当作犄角的话，就有穿凿的痕迹，过分倚重器物或其图像的皮相，缺少器形及图像内部之间的证据链条，这一点常常被历史学出身的学者所忽视，认为相似就一定有关联。当然，郭物还是注意到乳突的工艺根源，"如果复原此类刀、剑的铸造过程，环首顶部应当是浇注铜液的口，铜液冷却后，这个位置应当会留有一段茬，工匠可以打磨掉，但也可能因为某种原因留下并进一步打磨成突起"[②]。然而，引申到实用性质很强的铜鍑却不够严密，不无抵牾之处，特别是以鍑耳上的三个突起来证明乳突是犄角上的瘤状突起的模仿看似也不甚牢靠。"铜鍑是游牧民族使用的一种大型青铜容器，受生活方式、审美取向和技术等原因的限制，他

---

① 郭物：《试析铜鍑器耳突起装饰的象征意义》，《考古与文物》2010年第2期。
② 郭物：《试析铜鍑器耳突起装饰的象征意义》，《考古与文物》2010年第2期。

们不可能像定居民族一样,在如此大型的青铜器上装饰精美繁复的纹样(有时也尽力而为之,比如斯基泰人的青铜鍑),但他们通过一种简单的手法曲折地来表达其崇拜和在萨满中利用的对象,即把大型雄性食草动物犄角的特征象征性地表现在青铜鍑环耳上,进而象征其崇拜鹿、羊的思想意识。这种手法和在小型器物、岩石、织物和皮肤上表现的完整、生动的动物形象相得益彰,共同构成草原文化的内容和精神世界"[1]。"曲折"、"萨满"等词使用稍欠准确,如萨满本是巫师实施交感巫术的一种,[2]更加看重施术或是使用用具的形象。纵然铜鍑耳突代表鹿羊犄角的说法可以成立,然用一小小突起来表示萨满中所用的鹿羊未免太过抽象,意义的表现也过于晦涩。假设这种转注多重的说法可以成立的话,那么太过于曲折了,亦不利于巫师行使萨满巫术。

北方草原铜器的时代跨度很大,从商代晚期到战国时代,虽然西周时代的铜器较少,相对比较势单力薄。这也说明羊的形象从商周到两汉时期都有出现。两汉时期,带有羊形的铜器主要有两种,其中一种是羊形轱辘铜灯,羊背可开合翻转,至羊首上部承油燃亮,而羊腹却可贮油。此种样式的铜灯多见于关中以及更北的地区,除去巧思精构的因素外,也是一种地区文化影响的结果。此时,恐怕寓羊有吉祥之意也慢慢开始形象化,至迟在东汉前后有"青羊作镜"等铜镜镜铭,如《严窟藏镜》中青羊镜就出土于河南北部,洛阳博物馆也有两枚青羊镜。罗振玉《铜镜

---

[1] 郭物:《试析铜鍑器耳突起装饰的象征意义》,《考古与文物》2010年第2期。
[2] 参见[英]弗雷泽著,徐育新等译:《金枝》第三章"交感巫术",北京:新世界出版社,2006年,第15-50页。

图录》中有一面陈簠斋旧藏青羊镜。陈介祺有不少藏品是得自陕西，特别是关中地区。

我们在检视西安地区所藏的一面铜镜后，也认可青羊读为青盖，只是工匠之名。但这种误读，也有着一定传承习惯，或者是人们的一种美丽愿望，将羊赋予吉祥的寓意，并行施在铜器之上。

人虎之争

提到人虎之争的青铜器，大多会想起"虎食人"卣来。"虎食人"卣共有两件，分别藏在日本泉屋博物馆和法国巴黎色努施奇博物馆。日本泉屋博物馆所藏的那件高35.7厘米，相传解放前出土于湖南安化县。[①]法国这件高为35厘米，出土地不详。[②]这两件鼎鼎大名的铜卣器形奇特，造型惊心，让人过目不忘。

日本这件虎食人卣本为住友氏所藏，后被捐献给泉屋博物馆，具

虎食人卣（日本泉屋博物馆藏）

[①]《中国青铜器全集3·商3》一五二，图版说明第42页。傅举有：《虎食人卣》，《学习导报》2004年第12期。
[②] 李学勤、艾兰编著：《欧洲所藏中国青铜器遗珠》40，北京：文物出版社，1995年，第323-324页。

体传藏著录情况也可参见李学勤先生文章。这两件虎食人卣，虽然尺寸相差不多，但依据铜卣多为一大一小的特殊配置，这两件应该不是一对，李学勤先生也详细讨论过这两件铜卣不是同范，且有四处差异。①所以，张光直称之为一对有欠妥之处。②不过，张光直先生的贡献在于将过去"饕餮食人"式的文献讨论转变到另一个研究层面。

法国巴黎色努施奇博物馆的虎食人卣正侧面

所谓饕餮食人云云，源于罗振玉在《俑庐日札》中的说法，"徐梧生监丞言盛伯羲祭酒藏一卣，形制奇诡，作一兽攫人欲啖状，殆象饕餮也。此前人记述古彝器图象者所未知"③。罗振玉只是提出一种可能，容庚因为校勘而读的缘故，受到影响，并直言

---

① 李学勤：《试论虎食人卣》，四川大学博物馆、中国古代铜鼓研究学会编：《南方民族考古》第一辑，四川大学出版社，1987年，第37-44页。
② 张光直：《美术、神话与祭祀》，北京：生活·读书·新知三联书店，2013年，第51页。
③ 罗振玉：《俑庐日札》，罗继祖主编：《罗振玉学术论著集》第三辑，上海：上海古籍出版社，2013年，第93页。较早两个版本可能是手抄本、北平隆福寺文奎堂修绠堂版，其中后者经容庚校读。

"饕餮食人卣"①。彼时,最初著录的《泉屋清赏》中尚未将其称为"饕餮",而是径直称作虎食人卣。事实上,所谓乳虎食人卣一名中的"乳虎"也是过度依赖文献,将《左传·宣公三年》尹文子虎乳的故事附会于商代晚期的器物上。过度使用文献会产生一些消极作用,其中之一就是张光直虽然将其转向民族学乃至原始宗教的研究,但都是在"饕餮"的局限中,②突破不大,甚至过度解读。他认为是巫觋通天的工具,虎与人形的关系亲密③,更发挥说是"巫蹻"主题,将人虎解释为巫师与动物助手。④这些说法不仅存在过度解读,还有利用后世文献推演前代的问题,从人虎纹饰图像来说,艾兰将虎食人卣与司(后)母戊鼎耳、妇好钺上的人虎纹归为共同的母型,并认为"意味着死亡之途,即从人间到神灵世界的过渡。然而,同样应该意识到的是,这种纹饰只是暗示出祭祀的主题,而并非在为故事作插图"⑤,较为平实。

通常也把虎食人的题材当作"母题",在这一母题之下,还有其他不同的具体样式。母题是纹饰变化的源泉,可以形成以母题为核心的模件体系,亦如德国艺术史学者雷德侯先生所言,

---

① 容庚:《商周彝器通考》,哈佛燕京学社,1941年;上海:上海人民出版社,2008年,第319页。
② 张光直:《商周青铜器上的动物纹样》,《考古与文物》1981年第2期,后收入《中国青铜时代》,北京:生活·读书·新知三联书店,1983年,第313-342页。
③ 张光直:《中国古代艺术与政治——续论商周青铜器上的动物纹样》,《新亚学术季刊》第4期,1983年;后收入《中国青铜时代》(二集),北京:生活·读书·新知三联书店,1990年,第102-111页。
④ 张光直:《濮阳三蹻与中国古代美术上的人兽母题》,《文物》1988年第11期,收入《中国青铜时代》(二集),第95-101页。
⑤ 艾兰:《龟之谜——商代神话、祭祀、艺术和宇宙观研究》,成都:四川人民出版社,1992年,第162页;北京:商务印书馆,2010年,第179页。

安徽阜南县朱砦润河出土龙虎尊　　　　妇好虎食人钺

"利用总数有限的装饰母题和装饰单元进行无穷无尽的组合"。所以，要了解人虎组合的纹饰，首先要了解单独纹饰，例如虎纹，在新干大洋洲商代大墓中的大方鼎上就有两个虎形的装饰。所以说李学勤先生对人虎纹饰的解释比较适度，"虎食人或龙食人意味着人与神性的龙虎合一"。在与虎食人卣时代相近的安徽阜南县出土的龙虎尊上，也可以看到虎食人的纹饰。尊腹上部的虎纹为一首双身，虎头隆起呈牺首状，下含噬一人形，人首半进虎口。安阳殷墟妇好墓出土一件双虎人首铜钺，虽是两虎形的纹饰，但两虎均为侧向剪影状，或称剪视，可能称之为剖展更为合适[1]，乃是将一虎分割而成。这是虽然不如虎食人卣呈现完全的立体，但也是努力在平面或块面上表达人对立体形象的认识，也可

---

[1] 韩鼎：《商周纹饰中"剖展"表现模式研究》，"曾国考古发现与研究暨纪念苏家垄出土曾国青铜器五十周年国际学术研讨会"论文简本，2016年，湖北京山。

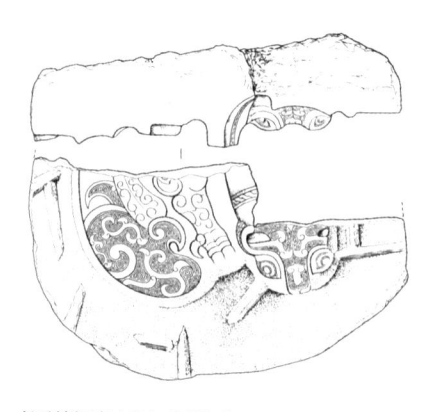

侯马铸铜遗址出土虎形陶范

谓是一种立体概念的另类表达形式。

有学者讨论时代更早的新干铜器时，对虎的纹饰母题也做过相应的分析，"以虎作为装饰纹样的母题，是其主要地方特色。实际上并不限于鼎，虎的造型和图案，被广泛地装饰于礼器、兵器、杂器和艺术品之上，其表现形式，既有十分写实的立体雕猛虎造型和线刻虎纹，又有介于写实和抽象之间的透雕虎纹，还有十分图案化的抽象虎头纹，即环柱角兽面纹和虎头形简体兽面纹"[1]。关于虎食人的纹饰，学者有过比较详细的论述。[2]可惜并未尽善，试图论证有关古史恐怕会歧路亡羊，如果忽视人的表情，"在这个主题中，人们毫无与虎敌对的表情、动作以及恐怖的表情。为什么在张着大口的老虎面前，人的表情却泰然自若。不懂这个'泰然自若'就没有研究这个主题的资格了"[3]。了解到这个很重要，可以揭示人虎母题变化的动力，施劲松分析出两个规律，一是人虎母题从礼器发展到以兵器、车马器为主，二

---

[1] 詹开逊、刘林：《初论新干铜器的地方特色》，《南方文物》1994年第2期。
[2] 徐良高：《商周青铜器"人兽母题"纹饰考释》，《考古》1991年第5期。
[3] [日]林巳奈夫著，常耀华、王平、刘晓燕、李环译：《神与兽的纹样学——中国古代诸神》，北京：生活·读书·新知三联书店，2009年，第22页。

是早期是虎食人的形态，后来就逐渐减少扑噬的形象。①

虎的造型，又与自然地理生存状态息息相关；虎作为当时常见的动物，特别是在中原以外的边缘山区出没较为频繁，"虎在春秋时期的晋地应当是比较常见的动物，因此，虎的形象在当时晋国青铜器上出现很多"②。从目前的出土情况看，人虎母题青铜器主要分布于我国西南和中原地区，湖南、湖北、河南、陕西、四川等地均有发现。出土地点的集中区域在各期略有不同，而各地之间或许也存在着一定的影响。在山西地区，虎的图像固然常见，然而在早期南方地区，人们与虎的因缘更深，"人虎母题在相当于中原二里冈时期便已在南方青铜器上出现，以后则多见于南方相当于中原殷墟早期、中期的铜器上，此后这一装饰母题在南方逐渐消失。大约也是在殷墟早中期，这一装饰母题传入中原，在司（后）母戊鼎、妇好钺等器上出现，表明当时这一影响是比较深远的。当人虎母题在南方消失后，却在北方地区一直流传到西周末期，说明这一来自南方的影响亦有很强的延续性。从人虎母题青铜器的出土地点来看，该母题向北首先到达河南浚县和安阳一带，随后向西传播，直至陕西宝鸡"③。人虎母题图像有着图像接受与传播的关系，反映到外部世界，就是图像受到时空的限制，自河南安阳以西，所发现的人虎母题铜器的时代都为西周。可见，人虎母题在中原亦呈自东向西流传的趋势。而若再广而化之，母题是图像的内在灵魂，而图案则是图像的外在形式。

---

① 施劲松：《论带虎食人母题的商周青铜器》，《考古》1998年第3期。
② 马今洪：《牺尊与上海博物馆收藏的李峪村青铜器》，《上海文博》2004年第2期。
③ 卢昉：《商代青铜神秘纹样——"人虎母题"新论》，《文物世界》2010年第5期。

陕西宝鸡𢐗国墓地出土人首虎纹銎钺

对于"虎食人"这一先秦器物及纹饰中最著名的母题，练春海曾经做过整理工作，发现除铜容器外，7件兵器、17件车器以及5件饰器与1件乐器上也有类似的纹饰。可见虎食人的纹饰更为主要出现在车器、兵器上。虎食人卣是比较极端的表现形式，尽管因时代关系，其主要纹饰难免发生一定的图像变动，但也大概可知，"虎食人"并非只是在日本、法国所藏的铜卣上独存。关于人虎母题的含义，学者有过很详细的论述，并提出种种假说，其中以我们之前提到的张光直原始巫术说的影响最大，甚至也有人提出并非是虎噬人，而是人虎交媾。[①]这种说法虽然看似比较惊世，但也关注了虎食人形象中最关键的问题，即人的面部表情，并试图解决。后来，叶舒宪梳理出十种解读来，并提醒

---

① 林河:《"虎食人卣"是"人虎交欢"的误读》，《寻根》2001年第2期，第61—63页。

到虎这时已经从自然动物转为一种神明,还有可能利用虎口前的小虎、后部盖钮的小鹿完成冥界的再生。①不管这个说法究竟能否成立,但始终不要忘了林巳奈夫的提醒。实际上,虎的形象正如之前所说,被广泛地装饰于礼器、兵器、杂器和艺术品之上,其造型固然与自然地理生存状态息息相关,但也应该有特殊的用意。虎作为并非常见的猛兽,应多分布在中原以外的边缘山区。在内蒙古地区出土的草原铜器上,羊、马、鹿等食草动物形象要早于虎等猛兽类,说明人类对虎等猛兽的认识是有一个逐渐深入的过程。从另外一个角度来看,也可以看成人类征服自然与猛兽的历程。

具体到"虎食人"卣上的纹饰,笔者更倾向于陈星灿的说法,虎的形象源于人为了狩猎而披着虎皮,从而具有一种超人的能力,②这恐怕更能表现出人虎相争的意涵来。从目前的出土情况看,人虎母题的青铜器主要分布于我国西南和中原地区,如湖南、湖北、河南、陕西、四川等地,当时的这些地域,人类多半都有驱赶猛兽的行为。有学者对人虎母题的出现地域也做过整理,"当人虎母题在南方消失后,却在北方地区一直流传到西周末期,说明这一来自南方的影响亦有很强的延续性。从人虎母题青铜器的出土地点来看,该母题向北首先到达河南浚县和安阳一

---

① 叶舒宪:《虎食人卣与妇好圈足觥的图像叙事——殷周青铜器的神话学解读》,《民族艺术》2010年第2期。
② 陈星灿:《"虎食人卣"及相关图像的史影蠡测》,北京大学考古文博学院、中国国家博物馆编:《俞伟超先生纪念文集·学术卷》,北京:文物出版社,2009年,第232-240页。

陕西宝鸡𢎜国墓地出土车軎

带，随后向西传播，直至陕西宝鸡"[1]。在陕西宝鸡茹家庄车马坑出土的三件人虎形车饰，有人认为其形象更接近西北方向的戎羌，属于战俘做器，有威慑的含义，[2]也有学者根据人像背后的鹿

---

[1] 卢昉：《商代青铜神秘纹样——"人虎母题"新论》，《文物世界》2010年第5期。
[2] 高西省：《谈宝鸡𢎜国墓地出土"人物形象"铜器》，《文物世界》2001年第2期。

纹，认为是所谓的鹿族。[1]实际上，这几件车器上的人虎形象并不是虎食人[2]，因为方向不一致，虎及人首都是朝向一个方向，而虎食人母题多为人陷落虎口的形象。而人物驾驭或驱使猛兽之态的说法[3]则有一定道理，因为人物五指微张，有驾驭的形态。不过，"人正以下颏抵住车饰的平顶，用力向上引身"[4]则有过度解释之嫌，论者亦将其作为人驾驭虎的依据。我们从弭国车軎及其相关的器物来看，人物与虎不具有直接的驱使关系，只是兽首为一种身份的象征，而人驾驭的形象则是驾驭这辆现实的车，这是现实与符码的组合表达，具有双重性。该人物形象的身份，不是奴隶或巫师，自然也不存在巫师驭虎的含义。[5]也不是属于敌人性质的羌人[6]，突出器物轮廓的人首不能理解成"馘首"。我们比较同意为本族人的形象[7]，唯此才有为主人驾车的可能。所以这三件铜车軎虎首与人物的关系，我们认为是人兽同器的关系。[8]

---

[1] 刘敦愿：《周穆王征犬戎"得四白狼四白鹿以归"解——兼论宝鸡茹家庄出土青铜车饰族属问题》，《人文杂志》1986年第4期，后去掉副标题收入《美术考古与古代文明》，北京：人民美术出版社，2007年，第422—426页。
[2] 高西省：《谈宝鸡弭国墓地出土的"人物形象"铜器》，《文物世界》2001年第2期。
[3] 卢昉：《中国古代青铜器整理与研究·人兽母题纹饰卷》，北京：科学出版社，2016年，第92页。
[4] 王朝闻主编：《中国美术史·夏商周卷》，北京：北京师范大学出版社，2011年，第175页。
[5] 刘方复：《良渚"神人兽面"纹析》，《文物天地》1990年第2期。
[6] 高西省：《谈宝鸡弭国墓地出土的"人物形象"铜器》，《文物世界》2001年第2期。
[7] 尹盛平：《西周弭氏的族属及其相关问题》，《华夏文明》第二辑，北京：北京大学出版社，1990年。
[8] 车器人兽母题的三种关系有人兽互动、人兽同体、人兽铜器，参见卢昉：《中国古代青铜器整理与研究·人兽母题纹饰卷》，第72—73页。

虎首踞坐人形玉饰

　　人虎母题的纹饰有着图像接受与传播的关系，也不只在铜器上，殷墟等地所出的玉石器上也有人与虎的形象。一件黄玉质地的虎形踞坐人形玉饰，高5厘米、宽2.5厘米、厚2.8厘米，其纹饰形象为"从正面看为一虎首踞坐人，从背面看为一鸮。虎首高昂，大口暴张；牙齿清晰，上下各七齿，上边齿呈倒钩状；小鼻，双鼻孔，长圆形双目虎视眈眈，半圆形双耳；虎头以下为人身形状，体向前倾，踞坐，双手扶膝，五指向下，未露足趾似着鞋，身着衣。整个造型呈踞坐状，虎之双耳为鸮耳，耳后倾，大勾鼻，圆目突睛，鼻下一圆孔。人背作鸮身，人之胳膊作双翼，人之双足作鸮足，昂首挺胸，怒视前方"[1]。这件人虎同体的玉饰

---

[1] 李全立、张晓红：《周口出土的商周玉器》，《中原文物》2006年第2期。

在主形完成外，通体辅饰云纹，纹饰大多用双线阴刻，仅个别部位如双臂纹饰用单线阴刻，作器者是将虎头、人身、立鸮巧妙地表现在一件不大的器物上，虽说是匠心独具，巧夺天工，却是有一定的图像渊源的，如安阳殷墟妇好墓所出的一件石质虎兽跽坐人像，①其图像大致相同，唯一不同者就是长子口出土的这件为玉制，从"鼻下有圆孔，显系佩带之物"的细节亦可看出，此件应是墓主把玩喜好之物，故图像较易得到传承。人虎同体，人物呈跽坐的姿势，虽然有特定的含义，但也隐然反映着人类进军的步伐。这一点和人与象的关系比较近似，大象的退却是来自人有意的暴力驱赶，其原因也在于大象毁坏庄田。②走笔至此，我突然想到《世说新语》中的一条故事，不妨引录其下："魏明帝于宣武场上断虎爪牙，纵百姓观之。王戎七岁，亦往看。虎承间攀栏而吼，其声震地，观者无不辟易颠仆，戎湛然不动，了无恐色。"

话又说回来，早期先民赋予老虎很多神性，多半是缘于对虎的恐惧，这种心理颇为矛盾。《山海经》中，带有人虎组合的神人形象也较为多见，其中有人面虎身、人身虎首、人身虎尾、人面虎爪等，不一而足，所提取的老虎形体部位，有的取自虎身、虎首，有的取自虎尾，有的兼而取之。而具备虎身的神奇动物则见于《西山经》，"西南四百里，曰昆仑之丘，是实惟帝之下都，神陆吾司之。其神状虎身而九尾，人面而虎爪；是神也，司天之九部及帝之囿时"③，从上下文本叙述来看，神陆吾已然是神了，

---

① 中国社会科学院考古研究所安阳工作队：《安阳殷墟五号墓的发掘》，《考古学报》1977年第2期。
② 可参看《大象的退却：一部中国环境史》。
③ 袁珂：《山海经校注》，成都：巴蜀书社，1993年，第55—56页。

乃为黄帝属官。是故作为虎形也多具备升天入地的神力，而作为神人之属，所蕴含的神力也多源自虎。《大荒东经》称："有神人，八首人面，虎身十尾，名曰天吴"①，或可认为是人面虎身的结合形态，《海内西经》另载："昆仑南渊深三百仞。开明兽身大类虎而九首，皆人面，东向立昆仑上"②。袁珂认为开明兽即是神陆吾，这

人面兽纹弓形器上的人面图像

里不去讨论，我们只消看到人面与虎身结合的文本。而"食人"亦见于《中山经》，"有兽焉，其名曰马腹，其状如人面虎身，其音如婴儿，是食人"。此兽神力较弱，不及开明兽或神陆吾，但恐怕是"虎食人卣"最初文献的张本。

不过，使用《山海经》等文献证明青铜器及纹饰是有一定的危险，成书较晚不说，且各篇章形成的先后时间也大不一致，图像与文本之间已经发生相当程度的错位。然而从另一角度来看，文本中频繁出现虎的形象，也说明当时老虎在人的生活中并不

---

① 袁珂：《山海经校注》，第401页。
② 袁珂：《山海经校注》，第349—350页。

法国巴黎色努施奇博物馆的虎食人卣背面

鲜见，所谓"食人"的行为也不是没有发生过，只不过人们在文本或形象中加以演绎。除过吃人之外，其中也有另外的解释，两件"虎食人"卣的图像并不是在叙述虎吃人，而是意图模仿食人的人面虎身的异兽，这个异兽也是想象中的，且作为本族的保护神出现，所噬食之人，也应是异族。[1]也有一种认为是与南地的虎方有关，亦所谓虎的部族诞生神话，[2]但不管如何，人虎母题都是不同程度反映了人虎相争的史影。

---

[1] 参见陈星灿：《"虎食人卣"及相关图像的史影蠡测》，北京大学考古文博学院、中国国家博物馆编：《俞伟超先生纪念文集·学术卷》，北京：文物出版社，2009年，第232-240页。
[2] 王震中：《试论商代"虎食人卣"类铜器题材的含义》，中国文物学会、中国殷商文化学会、中山大学编：《商承祚教授百年诞辰纪念文集》，北京：文物出版社，2003年，第113-124页。

金文中的世界

西周早期青铜器的金文与历史

青铜器，是商周时期最为集大成的艺术品，高度融合了当时文学、科技、设计乃至政教、历法等文明因素，或因如此，亦有"国之大事，惟祀与戎"之称。而所谓"祀"与"戎"，基本上就是当时社会最为重大的事件，涵盖了社会结构、人员构成、宗教仪式等更为上层的内容。有学者称，"古代的所谓'礼器'，都来自与生活密切相关的实用器，青铜器之所以能够成为三代礼制的承载物，是与中国古代文化密切相关的"。较之商代晚期的铜器，西周青铜器更加注重铭文，且出现长篇铭文。"郁郁乎文哉"，其中的"文"就是指文字、文气；而金文就是指刻铸在青铜器上的文字，书法家也称之为"钟鼎书"。西周早期铜器因为商代遗民参与到制作之中，器形、纹饰以及铭文在渐开新风的同时也颇有前朝流绪。容庚先生在《商周彝器通考》中曾论，"至于字体，商周两代亦有差异。商代可分雄壮秀丽两派"[①]。

[①] 容庚：《商周彝器通考》，上海：上海人民出版社，2008年，第65页。

通常认为，殷商晚期的甲骨契文、两周的铜器铭文是中国书法的渊薮，而书法是中国艺术中最有代表性的艺术门类。差不多全部的中国书法史写作，都不约而同地向上追溯到商周甲金文字。不过细论起来，"商甲周金"只是一个简略说法，西周时期的周原地区也发现不少甲骨文，而商代晚期的金文也不在少数。不管如何，这么众多的文字资料，从侧面也印证了商周的书艺，亦如启功先生所说："殷墟出土的甲骨和玉器上就已有朱、墨写的字，殷代既已有文字、保存下来，并不奇怪，可惊的是那些字的笔画圆润而有弹性，墨痕因之也有轻重，分明必须是一种精制的毛笔才能写出的。笔画力量的控制，结构疏密的安排，都显示出写者具有精湛的锻炼和丰富的经验。"[1]

具体到西周时期的书法，也多半是在西周铜器铭文的范畴内讨论。而实际上，西周时期的书艺研究，存在一个从契刻到刻划，再至书写的认识过程，这是结合龟甲契文、铜器铭文、陶器刻划文字等许多媒材的书写材料，共同形成的认知过程。特别是当陶、铜、玉器上的朱书或墨书文字进入到书法或古文字古史研究者的学术视野后，这类材料的出现对之前的认识有较大的震动。如1987年河南安阳殷墟发现的一件陶器上，就残存有六个朱书文字。文字笔锋挺拔，起笔与收笔处锋芒鲜明。表现出毛笔所特有的弹性，说明商代的毛笔已具有良好的性能。再如，20世纪30年代殷墟所出土的白陶墨书"祀"字，也呈现出这样的用笔特点。此外，河南洛阳北窑西周贵族墓地所出土的伯懋父簋、铜

---

[1] 启功：《关于法书墨迹和碑帖》，《启功丛稿·艺论卷》，北京：中华书局，第109-118页。

戈以及铅戈之上都有墨书，且有一定的水准。

然而，这样的材料毕竟少见，研究西周书法目前还只能以金文材料为主。采用这种等而次之的间接方法应该"穿透"铜器，透过铜器铸铭的痕迹看到更为丰富与广阔的书写原貌。尽管铜器铭文"书法性"比较微弱，但我们还是应该承认这种"书艺"的存在，这与文明初期的刻划文字有很大的不同。也正因铜器铸刻中存在这种"书艺"，才使得伯懋父簋上的墨书应运而生，背后应具有大量书写操作的实践活动。遗憾的是，类似的作品所见不多，也不易保存，使得伯懋父簋墨书看起来就如同横空出世一般。同墓出土的戈上也有墨书，不同性质的器物均有书迹，可见当时的书写活动可能已是一种普遍的现象，尽管带有很强的权力性，但也可从中窥见当时浓厚的书写氛围。

铜器铭文是西周书法的一种残留形式，但并非唯一的形式。正如探究先秦文学史，除讨论《诗经》《尚书》《春秋左传》之外，还会使用一些青铜器铭文来说明先秦时期的文学，其中不乏重器长铭，文辞也有韵文的形式。西周一朝，常分作早中晚三期，西周早期为武、成、康、昭这四位周王在位时间。其中以利簋的纪事时间最早，内底有32字铭文：珷征商唯甲子朝岁贞克闻(昏)夙有商辛未王在管师锡(赐)又(右)事(史)利金用作旜公宝尊彝。"珷"字是武王的合文，也可以看作是对武王比较特殊的称谓。而"岁贞"字，之前学界释读为岁鼎，[①]指岁星正当其位，用来表示时间。这个说法得到不少支持。[②]这一观点的提出，是

---

① 张政烺：《利簋释文》，《考古》1978年第1期。
② 罗琨：《利簋"岁鼎"析疑》，《考古》2006年第9期。

利簋　　　　　　　　　　　武王时期天亡簋

对将岁释为越字，认为是"杀人越货"古语①的纠偏。但问题是，在武王伐商之际，周人并没有十二次和分野的观念，而十二次所对应分野的都是春秋战国时期之诸侯情状使然。唐兰据此所得的"越鼎"说固然不当，但以岁鼎来反驳也过于推演，也被人驳难。所以另有学者提出"岁贞"是举行岁祭进行贞卜，②岁，读为刿，割牲以祭祀祖先。岁本义为卷刃的斧钺，后引申为割牲祭祀祖先。因为毕竟"伐纣"对于小邦周来说，无疑是一件非比寻常的大事情，需要祭祀先祖，占卜凶吉。不过这种说法后来受到大战在即不可能占卜的反驳。这种怀疑多以现在生活经验想象当时史事，但由此使得占卜的说法影响不大。关于铭文先后的讨论，具体可参见后来学者等梳理，③这里不做详谈。不过，右史"利"受

---

① 唐兰：《西周时代最早的一件铜器利簋铭文解释》，《文物》1977年第8期。
② 于省吾：《利簋铭文考释》，《文物》1977年第8期。
③ 丁进：《利簋铭"岁鼎克"的再认识——兼论"岁星当空"诸说的困难》，《安徽农业大学学报》(社会科学版)2012年第1期。

作册矢令簋　　　　　　　　　　作册矢令簋铭文

武王封赏则是在牧野胜利之后的第七日，他用武王赏赐之铜为其先人亶制作了这件铜器。利簋是一件方座簋，两耳的垂珥宽大，鼓腹、平折沿，器形也显示西周早期的特点。武王时期的铜器有一件天亡簋，也是带有方座。方座之上有带蜗形的龙纹，有学者认为是宝鸡的地方色彩，也多带有早期时代的色彩。其铭文有"乙亥，王有大礼，王同三方。王祀于天室"，说明周王会同三方，是在克商之后很短的时间，因为武王克商后没有几年就去世了。作册矢令簋也是带有方座的形制，且为一对，属于偏晚的成王时期之器，铭文有曰："唯王于伐楚伯，在炎，唯九月既死霸丁丑，作册矢令尊俎于王姜，姜赏令贝十朋，臣十家，鬲百人。"商周时期的荆楚位于汉水流域，而炎则是其地望，令应该是王后的属臣，伐楚胜利后去见王姜，王姜大赏令，甚至赏给他奴隶百人，"鬲"即是商周时期奴隶的专有名词。

刘涛在《西周青铜器铭文书法》一文中讲到："西周初期的铭文，篇幅很短，甚至仅勒数字……西周初期铭文的简短，显然是依循商代的旧制。商人的书写样式也影响到周人，因此在西周早期的铭文书法中，描摹的肥笔样式仍然屡见不鲜，方折的笔体尚多，字形也大小不一。种种迹象表明，周人取代殷商之初，还来不及营造代表自己审美趣尚的书法样式。"① 这在利簋及天亡簋的铭文上也可以看出。其实，文字与器形有着高度的统一，西周早期铜器总的来说是商末铜器风格的延展，而周人自身的全新风格则要等到穆王时才予以确立。因此，西周早期前段的铜器面貌有一定的相似，但各要素发展也有不少不均衡性，② 若要将昭王时器与成康时器准确地区分出来，客观上也存在一定难度。更何况铭文安排的空间最终取决于器物的器形，这又是另外一个问题，这里不展开来谈。

时代稍晚的康侯簋（又称为沫司徒疑簋，现藏于英国大英博物馆，2017年陆续在北京、上海等地展出），器形与前面所述的三件方座簋相差不多，只是去掉了方座，纹饰上将蜗形龙纹改换成更为平易近人的竖棱纹，再辅以涡纹和目形火纹。值得注意的是，器内底的四行二十五字铭文，"王来伐商邑，延（诞）命康侯啚（鄙）于卫，沫司土（徒）疑眔啚（鄙），作厥考尊彝"，显得开阔错落，字体外拓的程度

康侯簋

---

① 刘涛：《西周青铜器铭文书法》，《文史知识》1995年第7期。
② 张懋镕：《再论西周青铜器演变的非均衡性问题》，收入氏著《古文字与青铜器论集》（第五辑），北京：科学出版社，2016年，251—291页。

利簋铭文　　　　　　　康侯簋铭文

要超过时代更早的利簋之铭。从铭文最后的族徽可知，器主为殷商遗民，铭文也就比利簋铭跌宕许多，利簋上的文字似乎要开始一种整饬的风格。这件流散海外的康侯簋，器主在入周之后，担任司土官职，地位可谓不低，但作为前朝遗民，其心绪甚为难解，其书风也有着前朝风格，甚至可以向上追溯到商纣王时期的四祀邲其卣之铭。反观利簋的四行三十三字之铭，笔画略显生硬，可能是在模拟与学习，在整饬的风格中竟透着一种拘谨。与康侯簋的铭文虽同是四行，但利簋却塞进了三十三个字。从拓片的尺寸来看，这两件铜簋的铭文书写的块面空间近似，纵都不过六厘米，可见利簋铭文制作的水准并不低，但给人的书风却是异样的。而早于利簋的天亡簋，因器主身处岐周腹地，字体变化并

天亡簋铭文

不很显著,且排布舒朗,留有一定的行距与字距。这种做法为之后的何尊、大盂鼎等长铭青铜器的出现埋下了伏笔。

1963年出土于陕西宝鸡贾村镇(今宝鸡市陈仓区)的何尊,器身上设有突出的扉棱,旧称为"四方出戟",口沿下的所谓的蕉叶纹呈分解状态,并不像商代那样的紧密。同样,腹部的兽面纹虽也是整套配置,角、眉、嘴等图像构件齐备,但主体较为粗疏,做以底纹的云雷纹也不够精细。或许可以看作处于岐周故地的贵族对商文化的积极学习,而铭文中著名的"宅兹中或"("或"字,当训读为"域"),除控制东方外,也便于吸收文化。此外,文中还记录了营造京室、克大邑商的事情。从铭文来看,"公""周""于"等字沿袭古体,甚至纪年方法也是沿袭商朝旧例,在文末用"唯王五祀"的形式。"祀",即是年,周初常用,昭王之后,纪年就以年称,且置于文首。商代的政治结构是内外服的方国制,周王伐纣的第一步即是要翦灭自身周围一些亲殷的方国;西周建立之后,所谓的分邦封藩是在姬姓贵族、建国功臣、前朝遗民中建立方国。而何尊铭

何尊　　　　　　　　　　何尊铭文

文中"余宅兹中或"中的"中或"最为确切的意思是中土,"国"的意味反倒是极为稀薄。

清代道光初年,在陕西岐山礼村出土了大盂鼎,时代虽然也在西周早期,但铭文较长,在内壁铸有二百九十一个字,可以说是康王时期的铜器中较长的一篇。铭文纪年为康王二十三年,这时距西周建国已经过去了半个世纪,天下大定,其国家运转已经进入到周人自己的模式之中。当然,周在开始执政之初吸收了不少的殷商文化因子,其中也包括文字书写,在周原凤雏、周公庙等地都发现有甲骨卜辞。殷人是靠神权与王权的二元一体来达成统治。祭祀占卜是外在形式,甲骨上的契文是这一政治结构的文字碎片,而周人虽然借鉴了不少外在形式,但更谋求一种适合自己的文化权力体系,可能转而更为理智或克制,从西周甲骨更为细微的契文也可见一斑。刘涛所论的"周人由边缘进入中心,政治权力的移位,经过一场牧野之战便得以实现。而文化形态的转换,却要比夺取政权复杂得多,也缓慢得多,何况文字的书写形

大盂鼎　　　　　　大盂鼎铭文

式、风格有其自身的发展规律，不会因为江山易主而断流。西周早期铭文书法显示出许多商代的遗风，只是表明，周人把殷人借以维持统治的文化道具接收下来，还需要时间操练和消化"①，也有这方面的意思。不过，他更看重于比较外在的视觉材料，亦重视在书法上面的商周传承。

在大盂鼎的时代，排布整齐、字形均一的书写开始出现了，并逐渐成为一种主流的书写面貌。这种重视文本的书写有着内在的社会需求，便于在铜器上记载诰令及王命，哪怕是节录的，也是一种制度的需要。尽管亦如刘涛所论，"西周早期《大盂鼎铭》书法中我们已经能见到周人书风的端绪，但它只是预示未来发展方向的一种征候。西周早期的书法，还处在商周两种书法形态交

---

① 刘涛：《西周的主流书法》，收入氏著《书法谈丛》，北京：中华书局，2012年，第27—36页。

汇、过渡、转型的阶段"①。同时我们也应该看到，因为文本的需要在一定程度上放弃了艺术"性格"，而多以整齐的面貌出现。故此，有些学者认为书艺开始降低，②是有一些道理的，毕竟大盂鼎的铭文作为作品，其中的观赏性较少，而作为文本实录的"阅读"意味则开始浓厚。晚清大盂鼎出土后，它的铭文拓片也多在潘祖荫为首的金石家中流传。经过以椎拓为主的复制方法，以及这些好古之士的"传阅"，大盂鼎铭文在观看方式上发生了转变。铭文以拓片为中介可以在书案上被仔细端详。观看距离被拉近，整齐风格所产生的缺点则被忽视。

讨论西周早期金文书法，应该将"写"的问题也引入进来，这是甲骨、金文的不同之处，这在西周早期尤为突出。以往的讨论，多受商为甲骨契文周则金文籀书知识的局限，将字体书风的变化视为时代的演进，过分推崇线性的发展。现在看来，这些变化更多是因为文字材料的不同，从而形成的两条线索，至少在西周早期尤为明显。西周中期，在一件伯懋父簋上出现了墨书。这对我们认识早期书写有很大的启发，笔者另外有一篇文章专门讨论，这里暂不详谈。不过需要提醒的是，清代晚期出现擅长写金文的书家，如吴大澂，但这些人并未见过伯懋父簋的墨书。

青铜器是中国青铜时代孕结的最博大精深的物质遗存。从二里头或更早时期开始，历经殷商、两周，延至秦汉，绵延两千多年，在青铜器上沉淀了那时朝代更迭的辛酸，日常宴饮的欢歌，

---

① 刘涛：《西周的主流书法》，收入氏著《书法谈丛》，北京：中华书局，2012年，第27-36页。
② 郭晶：《西周金文风格探析》，《美与时代·美术学刊》2017年第3期。

世官晋升的荣光。更为重要的是，青铜器作为当时的祭祀或日常之用，反映了当时的人们的思想意识、礼仪制度，可堪是史影叠叠。如这件鲁侯尊，是西周早期出现的一种特殊器形。在分期上，笔者同意陈梦家的"成王说"，铭文具有早期特点，器形介于尊簋之间。而尊是酒器的一种，簋则属于食器，通俗来讲，就是碗。从这种过渡的器形上可以看出，在西周早期，由殷商重酒向西周重食文化的转变。

鲁侯尊

如果对夏商周的历史了解不深的话，就会只看到青铜器物，而无法见物见人。我们主张的青铜识小，并不是如过去名物学那样指出何物为何，在文献上有什么记载，而是通过阐幽发微，以期能够用小切点回应史学的问题，金文作为出土文献，当然可以有补史的作用，同时也可以根据书风的不同，对其背后的史实有所揭橥。这样一来，就不再停留于简单的书法风格分类，不过在深入过程中会产生不同程度的困难，对金文及其书法的认识也会难免有所偏差。从目前的考古发现来看，多数青铜器都可以按照其时代，找到它应有的历史位置，或许有些铜器只是粗略的位置而已。如塱方鼎，因鼎铭记载成王时期周公东征的事迹，故而陈梦家将其列入"伐东夷"之下。[1]这件器是西周早期比较罕见的青铜器。现藏于美国旧金山亚洲艺术馆。其铭文五行三十五字:"隹周公于征伐东夷、丰白、薄古,咸□。公归荐于周庙。戊辰,饮秦饮,公赏贝百朋,用乍尊彝。"铭文记录了西周初年周公伐东夷,归后告于周庙,之后饮酒庆祝的事情。秦饮,陈梦家认为是酒名,可从。周公伐东夷,在当时是相当了不得的事情,因为铭辞中的薄古,即是薄姑,他和奄君是诱致武庚叛周的主要人员。此事见于《尚书大传》,周公平定叛乱之后,在原有的薄姑领地建立了一个军事据点,进行管理,有学者认为与山东高青陈庄的西周城址有关。[2]不过,铭文记事与考古遗迹不宜如此直接对应,对陈庄城址的性质也还有许多说法。[3]不过,周公伐东夷的事迹则是确定无疑的,事在《逸周书》《竹书纪年》《史记·周本纪》《史记·鲁周公世家》等文献中,也有或多或少的记载,详细可参看何幼琦的整理。[4]近来,清华简的金縢篇更是明白无误地记录,[5]可与周公东征鼎上的铭文相互印证。

通过这些不同性质的记录,在这些多种材质的"短简残篇"中,我们能够拼凑,乃至复原出一些历史的"场景"。周人重食,周王发布酒诰,但非滴酒不沾,这也在西周初年的"柉禁十三

---

[1] 陈梦家:《西周铜器断代》,北京:中华书局,2004年,第17-19页。
[2] 王树明:《山东省高青县陈庄西周城址周人设防薄姑说——也谈齐都营丘的地望与姜姓丰国》,《管子学刊》2010年第4期。
[3] 李学勤、刘庆柱、李伯谦等:《山东高青县陈庄西周遗址笔谈》,《考古》2011年第2期。
[4] 何幼琦:《周公东征概述》,《东岳论丛》1983年第1期。
[5] 杨振红:《从清华简〈金縢〉看〈尚书〉的传流及周公历史记载的演变》,《中国史研究》2012年第3期。

太保方鼎

山东梁山县出土太保簋铭，现藏日本白鹤美术馆

器"上得到了物质性的证实。这批端方旧藏的铜器属于早期发现，后来流散到海外。同样值得注意的是太保方鼎，传为山东梁山出土，现藏于国内，系天津艺术博物馆旧藏。美国弗利尔美术馆藏有一件铜簋，器主与方鼎为同一人，而其铭文精拓亦被日本白鹤美术馆珍藏。太保方鼎足部有轮状突出，与耳上一对折角伏龙、转角的凤鸟纹都是西周早期非常显著的特点，与"太保簋"的铭文疏朗的风格神契。

清代晚期，毛公鼎、大盂鼎、散氏盘、虢季子白盘先后出土，这些发现有着铜器鉴藏史的意义外，也积极构成着书法史的意义。这四件铜器铭文影响当时乃至后来的书家，成为临习籀书或大篆的基础范本。笔者不太认可所谓"大篆"或"籀书"的

北京房山琉璃河1193号墓所出克罍铭，现藏北京市文物研究所

西周平顶山应国墓地242号墓出柞伯簋铭，现藏河南省文物考古研究所

说法，且不说这两个概念互有包含，也与古文字的讨论不易沟通。这样的话，很难将新近考古发现的铜器佳品纳之于书法史的视野。日人中村不折亦言，"学术界的进步波及到书法学界"[1]，其实晚清以来，许多重要铜器被陆续发现，其中不少铭文制作上乘，亦堪称书体优美，并不逊色于所谓的四大范本，如北京房山琉璃河所出克罍的铭文，西周平顶山应国墓地出土柞伯簋等铭文。这样一来，早期书法的"作品"不再被曾经讨论多次的毛公鼎、大盂鼎、虢季子白盘、散氏盘所笼罩。这种重复书写的早期书法史不是"重写"，而是带有复制性质的因循旧说。如果能够

---

[1] [日]中村不折著，李德范译：《禹域出土墨宝书法源流考》"绪言"，北京：中华书局，2003年，第2页。

旧称"小臣艅卣"的犀尊

做到中村不折所说的那样,早期书法史的面貌也会更加生动翔实起来。但可惜的是,要达到理想可能还需要很长的路要走。当然无论是金文还是铜器,都需要首先具备比较专门的知识,或多或少也影响了其他领域的了解。如商代晚期的一件旧称为"小臣艅卣"的铜器,传为晚清咸丰年间出土于山东寿张县(今隶属山东省聊城市),为"梁山七器"之一,现为美国旧金山亚洲艺术博物馆珍藏。这件现在常称之为"犀尊"的铜器,铭文舒朗,笔画清晰,也有不少人临写。但遗憾的是,有不少与金文书法有关的图册,将艅字释错,多释为"俞"字。① 出现错误的原因,是将此字的"舟"符误作肉(月)旁了。不过,失误并不在于释字的难易,据刘绍刚在书前的文章可知,释字主要参考的是《商周青铜器铭文选》。② 必须承认的是,《商周青铜器铭文选》中关于隶定此字存在失误,早期误释现今修订自然是属于学术界进步,但《蒋维崧临商周金文》在2015年编辑出版时,却参考20世纪80年代的学术成果则有点奇怪,也再次说明由学术到艺

---

① 蒋维崧著,刘绍刚、周冰编:《蒋维崧临商周金文》,济南:山东画报出版社,2015年,正文第2页。濮茅左主编:《商周金文》(先秦书法艺术丛刊),上海:中西书局,2016年,第3-4页。

② 刘绍刚:《金文书法和蒋维崧先生的金文书法艺术》,《蒋维崧临商周金文》,第3-10页。

术的道路并不容易。同样奇怪的是，作为《商周青铜器铭文选》的编辑者之一，濮茅左在2016年出版《商周金文》时，仍然沿用旧说，但书后的"参考书目"中的《殷周金文集成》[①]、《商周青铜器铭文暨图像集成》[②]却均释为艅字。所以，只能理解为他的一种坚持。其实这个艅字既不是难字，隶定方面不存在相左的意见；也不是孤字，另见有艅伯尊、师艅尊[③]、亚休艅卣、艅伯卣[④]等器。这样说来，并不是笔者的苛刻，也不是过于艰深的学术，有些金文书法图书就改订正字。[⑤]

小臣艅犀尊铭文

最后，回到西周早期金文上。铭辞记录了商周更替的历史，这在之前说过，不再赘言。同时，这一时期的金文也堪称是先秦书法的重要阶段。说其重要，是因为西周早期的金文存在着旧体

---

① 中国社会科学院考古研究所编：《殷周金文集成》（修订增补本）5990，北京：中华书局，2004年，第3684页。
② 吴镇烽编著：《商周青铜器铭文暨图像集成》11785，上海：上海古籍出版社，2012年，第21卷，第255页。
③ 吴镇烽编著：《商周青铜器铭文暨图像集成》11597、11794，第21卷，第87页、268页。
④《殷周金文集成》5013、5222，第3182、3276页。
⑤《中国法书选1·甲骨文金文》28，东京：二玄社株式会社，1990年，第28页。

与新风的过渡。西周早期前段有部分书体风格与商末书体风格近似，字间或字的内部间距较大，架构松散。从康王时起，一些器铭如明公簋、鲁侯熙鬲、邢侯簋等器铭则呈现出另一种典雅的新风格，字体使用肥笔，但锋芒不甚明显，字的架构较商末周初书体风格更为内敛；字排行款虽然依旧不齐，但布局整洁、错落有致。西周早期的后段，特别是昭王时期，字体大多疏松简洁，笔道柔和，器铭中带有图像符号化意味的象形大为减少，波磔的用笔也随之减少。这说明书体风格已经发生彻底的转变，开启了西周中期细密严饬的书写风格。

伯懋父簋墨书与商周书法

对于商周时期的文字书写，有着一个从契刻到刻划，再至书写的认识过程，尽管所依据的材料也主要是龟甲契刻、铜器铸刻、陶器刻划等文字形式。严格来说，这些也并不是纯粹的书法笔迹。不过，无论承认是否为书法，这个认知过程有助于我们更真切地认识商周书写艺术。

商周朱、墨玉文字在陶、铜、玉器上都有发现，只不过使用背景及其内涵不尽相同，但对大家认识的触动不小。像1987年河南安阳殷墟发现的一件陶器上[1]，就残存有6个朱书文字。文字笔锋挺拔，起笔与收笔处锋芒鲜明。表现出毛笔所特有的弹性，说明商代的毛笔已具有良好的性能。其实，早在20世纪30年代，殷墟就发现有墨书的遗物，一片白陶片上有墨书"祀"字，也呈现出类似的用笔特点。较之殷墟出土的商代晚期文字，郑州小双

---

[1] 中国社会科学院考古研究所安阳工作队:《1987年安阳小屯村东北地的发掘》,《考古》1989年第10期。

河南郑州小双桥出土的朱书陶文　　　河南郑州小双桥出土的朱书陶文（局部）

桥商代中期遗址所出陶缸上的朱书文字更加引人注目[1]。这多半是因为时代更早的缘故。笔者同意发掘者认为书写工具当属毛笔之类的说法，然从书写流畅以及字体结构来看，最多表现出当时毛笔制作比较成熟，若以书法作品的眼光来看，似乎还存在不足之处。不过，这些不是本文的重点，我们还是回到主要的讨论对象上来。

　　1964年开始，河南洛阳北窑陆续清理了370多座西周贵族墓葬，其中一座编号为37的墓中出土一件铜簋。这件称之为伯懋父簋（M37:2）的内底上有墨书三字"白（伯）懋父"极具书法水准。[2]一同出土的铜戈以及铅戈之上也带有墨书，可惜并未公布详细资料和清晰图片，我们也就只能对伯懋父簋上墨书

---

[1] 宋国定：《郑州小双桥遗址出土陶器上的朱书》，《文物》2003年第5期。
[2] 洛阳市文物工作队：《洛阳北窑西周墓》，北京：文物出版社，1999年，第80页。

河南洛阳北窑出土伯懋父簋

作以重点考察,不能不说是一种遗憾。伯懋父簋的时代在西周康王时期,内底存留有墨迹,"器内底部原被土锈掩盖,在去锈时发现一侧有墨书铭文'白懋父'三字。西周早期的墨书,实为珍品"[1]。作为发掘者之一的蔡运章先生认为,这三字"笔势劲韧遒美,字形整肃均齐,笔画中肥而首尾出锋,有明显的波磔。'白'前缀尖而下部浑圆,中间横笔微带弧曲。'懋'字笔画起止多显锋露芒。'父'字左笔露锋向下疾行而又弯钩上收,运笔圆熟自如,末笔藏锋而重捺轻收"[2],可谓是看出西周书者——姑且将在铜簋上作字之人称为书者,或者是原初书法家——行笔

---

[1] 洛阳市文物工作队:《洛阳北窑西周墓》,北京:文物出版社,1999年,第80页。
[2] 蔡运章:《洛阳北窑西周墓墨书文字略论》,《文物》1994年第7期。

伯懋父簋上的墨书　　　　　　　　　　　伯懋父簋上的墨书（局部）

的笔意。因笔者曾经对金文的笔顺问题有所关注，自然就对这件铜器上的墨书格外感兴趣。至少在单字"父"上能够看出行笔的笔顺，首笔必然是竖弯钩（为表述方便，暂且以楷书的笔画名称意代之，以下同），因行笔最后略疾速，形成一个比较尖锐的挑钩。这时的笔锋若非中锋才能够落下次笔，于是就须有重重的一顿，以此来纠正笔锋。次笔是"父"字右侧的横折。其横折起笔处有浓重的首部，可以理解为顿笔之用，收笔也能以回笔藏锋处理之。前后不同的书写处理方法呈现出不一样的样态及其视觉效果，也多少因为用笔材料性质而致。横折收笔处，笔速显然没有首笔行动得快，所以不甚尖锐，而后，笔锋自然离开书写载体（铜器），形成略略的一个偏锋。所以，就能顺势圆转回来，为末笔撇竖自然的起笔，这样可看作，次笔与

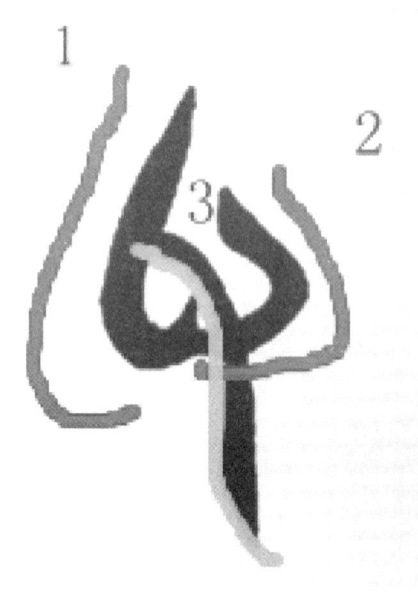

伯懋父簋墨书"父"字摹本笔顺示意

伯懋父簋墨书摹本

末笔的承接形成了形断而意不断的圆弧。从书法操作意义的角度来看，这件铜簋虽然只有墨书三字，但所体现的书法史的价值则要超过数十字的长篇铭文。后者因铸刻的关系，"书写"是一种间接性的。关于此墓的主人，我们不妨做一个有趣的猜想，或许墓主爱好习字，才会在随葬的青铜器上书写而非铸刻"铭"

文。这种选择是有意识的，并非是没有能力铸造铭文。器主伯懋父很有可能就是卫康叔之子康伯，为武王的侄子，又曾率领殷八师征东夷，本人亦多在成周城的王城内活动。王城为周王所居住的地方，可见伯懋父地位不低。[①]这座37号墓长3.48米、宽2.58米，深4.8米，看起来不是很大。但在整个北窑墓地中，仍属于西周早期墓葬中的中型墓，只是可惜墓葬曾被盗扰三次，信息损失严重。从器主身份与墓葬规格上多考虑一些，有助于更深一层地认识"伯懋父"墨书。当然也不排除器主与墓主并非同一人的可能，但从墓葬规格来说，墓主也是具有一定等级的贵族，应该与伯懋父的关系不浅。

伯懋父簋上的墨书仅有三个字，在文字学上或许无足轻重；但对于商周书法而言，却是极为珍贵的。这是因为"所谓墨迹，实际上包括墨书和朱书两种文字遗迹，它们代表了当时书写的原貌，艺术价值不一定很高，但对书法史研究有着重要的意义"[②]。它的意义在于是当时所写，具有即时性，并未有转来转去的失真情况，"当时用笔的痕迹仍历历在目，生机勃勃，它的价值是十分值得尊重的。对于书法研究真迹的确是最好最理想的方法"[③]。因为伯懋父簋墨书的存在，使得进入早期书写史的材料中，不再只有商代甲骨、周代金文那么简单。改变以往单线条叙述固态，"除了甲骨文、金文以外，商周时期还有另外一种使用毛笔

---

① 洛阳市文物工作队：《洛阳北窑西周墓》，北京：文物出版社，1999年，第362页。
② 丛文俊：《中国书法史·先秦秦代卷》，南京：江苏教育出版社，2002年，第163页。
③ [日]中村不折著，李德范译：《禹域出土墨宝书法源流考》"绪言"，北京：中华书局，2003年。

的书法艺术形式"①。在先秦书法史上，商代甲骨、周代金文多呈现一种"死"状态，即不具备"一次性"书写的性质。这种不鲜活的状态多多少少与当时书写情状走样。所以，我们希望能够将"写"的概念引入金文甲骨之中，但如何引入就成了一个亟待解决的问题。幸而有伯懋父墨书的存在，可以提供更新的视角来看待以往常见的商周甲骨、金文材料，它们显然与伯懋父簋墨书有着不同的面貌。当然在契文、金文本身的制作（包括契刻或铸造两方面）也存在着很大的形态区别，尽管二者在文字发展上有着承续关系。金文多先在泥版上写划，至于说是否存在一个之前"纸本"便于誊写不得而知，但若"写"在范模之上，也就自然存有不少笔意。而甲骨则是刻写，不管是写后再刻，还是不写就刻，总之是在点画之间偏重于刻。故此，从书法艺术上讲，甲骨契文更偏流于印石篆刻之间。日人藤枝晃曾议论道，"令人感到吃惊的是，这些多采用流利线条的铭文，与几乎是由坚硬的直线构成的甲骨文竟然出现在同一时代。这主要取决于所用材料的迥然不同。甲骨文必须刻写在平滑的龟甲和兽骨上，而且空间非常狭小。其内容往往是只供皇帝和贞人看的，不能让其他人随意看到，因此需要尽量省略字形。也就是说，其目的在于即便是由于某种过失，让别人偷看到了也无法知道其含义。这一点与符牒相类似"②。

美国学者艾兰（Sarah Alen）虽然对"甲骨文书法"没有

---

① 高蒙河：《毛笔的起源——文房四宝起源研究之一》，《中国文物报》2009年11月27日第6版。
② [日] 藤枝晃著，李运博译：《汉字的文化史》，北京：新星出版社，2005年，第30页。

专门的研究，但她发现甲骨文没有一定笔顺的情况，出于文化误解，将没有惯有的笔顺归结为刻手缺乏文化。这个误解主要因为艾兰不谙中国书法艺术。用笔的次序，主要是因为载体本身及书写工具的特性所致，以及特有的生理因素，例如人的手腕无法全角度地旋转，笔顺就解决右手向右转的不便。契刻而成的甲骨文，多是用玉刀或铜刀在牛骨龟甲上刻制，材料的坚硬使得不太依从毫颖之笔的书写规律。在这种意义上而言，甲骨上的契刻所形成的文字只能称之为早期书法材料，不能叫做甲骨文书法，而利用甲骨字体进行书法创造的则另当别论。这也因为甲骨文字是有一定的书法意蕴的，但具备书法意蕴与真正的书法则是两个不同的概念。我们在之前藤枝晃的讨论中，也可以了解到甲金文字的书写性差别。铜器上的铭文与龟甲上的契文之间的差距是内在的，是巨大的；于书学较为陌生的古文字学者对此会有所忽略。

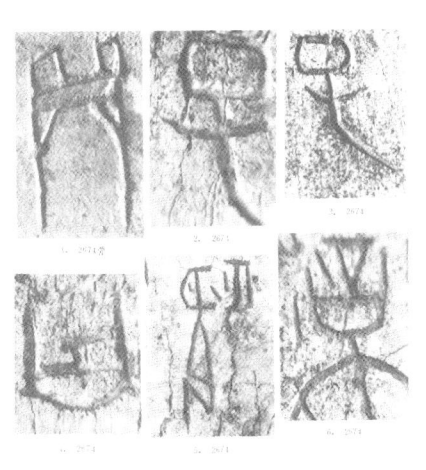

在契刻以前，甲骨究竟是否先用毛笔书写，做一底本呢？这个问题迄今尚无一致的意见。董作宾认为是先写后刻；陈梦家认为是直接契刻上去的；陈炜湛、唐钰明认为是两者兼而有之，一般是大字先写后刻，小字直接刻写。

甲骨刻辞显微照片，略见刻手用刀痕迹

但是，无论怎样，甲骨文多以契文称之，可见用刀契刻是制作的主要方法，虽然在安阳殷墟也见有朱书的卜骨，但出土量绝少，且写完亦未曾加以刀刻，出现这种情况用"刻手漏刻"的说法解释恐怕不够圆转。而认为有多种笔法存在则是一个非常有趣的观点，"殷商朱书墨书存在着'丰中锐末'式、'藏头护尾'的'玉箸篆'式和'头粗尾细'的'蝌蚪文'式三种笔法。以第一种最为原始，技巧含量最少，西周初年以后使用日渐减少，后基本上被人们所抛弃。当代有些学习甲骨文书法的人还在刻意地追求这种笔法，说明他们对书法的认识能力还需要提高"[①]。其次，甲骨文与金文是有截然分别的，"由于甲骨文最终形态绝大多数是契刻而成的，且契刻时往往先直划后横划，因此甲骨文的许多象形线条出现了平直化和拆断的现象，使原字的象形意味受到影响。金文则不同，通常是在铸器以前先用毛笔写出墨书原本，然后按照墨书原本刻出铭文模型，再翻出铭范，最后往范中浇注锡铜溶液，铜器与铭文便同时铸成。因此，铭文

河南安阳殷墟出土带有朱书的卜龟

---

① 路工：《殷商朱书墨书笔法及其传承》，《中国书法》2010年第5期。

散车父壶　　　　　　　　　散车父壶铭文照片与拓片

能够比较好地传达出墨本的形态和韵致"①。容庚先生对铭文设置方格现象也有所讨论②，这的确是便于制铭的简便方法，大克鼎铭文的方格前有后无，多少是格线部分消退所致，而跨格的情形则为少数，如散车父壶的铭文，但是绝大部分字都是写在格中，而"壶""萬"等字字形复杂，容易形成纵势，故有跨界格之举。金文、甲骨文的制作程序较多，其复杂性使得人们常常将文字系统与书写系统混淆起来，"商代书法尽管有着各种各样层次不一的实践形式，但主流毫无疑问归属于殷墟甲骨文和金文两大系列，尤以前者占居时代显位，金文则到商代以降渐全面取代甲骨文而

---

① 赵平安：《汉字字体的名实及其演进序列的再认识》，《隶变研究·附录二》，河北：河北大学出版社，2009年，第97页。
② 容庚：《商周彝器通考》，上海：上海人民出版社，2008年，第69页。

上升为书法艺术的主导性系统"①,稍嫌将文字形态与书写技艺混而谈之。

西周铭文器物的数量大增,且铭文增长多是因为铸铭方法的改进,"铸铭方法的不断改进致使西周铭文字数得到迅速增加。铸造铭文时,有采用'直接在范上刻铭'的方法,成的铭文即为阳文。有的则采用在'铭文范模上刻正阴文,翻出反阳文范,嵌于范中,铸出正阴文'的方法铸铭。这两种方法都有许多缺陷。而后发明的在'范上按字或按行贴泥片,刻成反阳文,铸成正阴文'的方法,铸铭时可'不限铭文字数'也'不需预制铭文范模',这种铸铭的方法是西周青铜私文书字数增多的主要原因"②。罗森考察江苏丹徒大港母子墩墓出土铜器后,认为"器型、纹饰和铭文都完全符合周中心区的样式。当时东南地区的人们不太可能熟练书写适合青铜铭文的字体。该器的铭文似乎表明,这件青铜器是在周中心地区铸造的,或者,如果它是在东南地区制造的话,应是由周中心地区迁移到那里的工匠所铸造的"③。这一说法有颇为可采的地方。在我们看来,这恰恰从一个侧面说明商周书写的权力性。反过来说,这种书写权力又使得铜器铭文的书法性

---

① 宋镇豪:《先秦秦汉时期的墨迹书法》,《中国法书全集·先秦秦汉卷》,北京:文物出版社,2009年,第6—7页。
② 孙瑞:《日本泉屋博古馆所见先秦私文书——西周青铜私文书的鼎盛》,《日本学论坛》2002年第2期。
③ [英]杰西卡·罗森著,邓菲、黄洋、吴晓筠译:《西周青铜铸造技术革命及其对各地铸造业的影响》,《祖先与永恒——杰西卡·罗森中国考古艺术文集》,北京:生活·读书·新知三联书店,2011年,第57页。

开始变得微弱。[1]伯懋父就有征东夷及北征的战绩的，其人亦多在成周城内的周王所居的王城活动。[2]篡上墨书是否为伯懋父亲自提笔而书不得而知，但即便是笔工书写，也是受到了伯懋父或是其子孙的授意。再退一步讲，当时具有书写能力的人员也多是具有相当身份的，据三字墨书的流畅状态而言，不存在没有书写能力的工匠以图像的方式照模誊写的可能。

从更为丰富的铜器铸刻铭文来看，铜器铭文的"书法性"变得微弱，但是我们应该承认"书艺"的存在。这与文明初期的刻划文字完全不同。也正是存在着这种书艺，使得伯懋父篡墨书的出现并非偶然，其背后应有着大量书写活动。只是类似的作品没有继续发现，就显得伯懋父墨书看起来横空出世一般，但如同出的戈上墨书例子一样，其并不指向于"绝少"的现象。恰恰相反，正是因为这种例子较少，反倒能看出其书写的精英化气氛浓厚。甲金文字多少与后世的书法有着相通之处，比如避复，即重出字形的避复这种"书法"现象的出现。徐宝贵对此有专门的研究，"古代铭刻的形式之美属于书法艺术的范畴，它不仅有其独特的审美要求，而且表现得相当突出。如在同时同地所铸所刻的同一篇铭文中，一些重复出现的字就有各种各样的变化，在这里，我们姑且把这种变化称作'重出字的变形避复'。这种'变形避复'不是铸铭者随意所为，而是为了追求一种审美要求所做的艺术加工。事实上，古人的这种审美情趣一直潜移默化地影响

---

[1] 参见 Richard CurtKraus(熊秉明): "Brusheswith Power: Modern Politics and the Chinese Art of Calligraphy"(《书法与权力》), University of California Press, 1991年。

[2] 洛阳市文物工作队:《洛阳北窑西周墓》, 北京: 文物出版社, 1999年, 第362页。

到后代"①。与后世书法作品不同的是,商周文字本身就处于文字发展的初期,且字学与书学尚未分流,故此"避复"的具体方法更多,也更复杂,可以通过偏旁移位、增删,乃至偏旁替换等手法来起到避复的作用。考察第三种做法,更是需要古文字学的支持,如人女互训这样的例子,就是人字旁与女字旁可以互相借代的。这种避复的运用,一则是因为所处时代偏早,字体演进与书写变化合流而致。其次,也因为商周时期的铭刻多为预制模件块范铸成,在这种文字制作的大背景下,用正书反书作为避复手法也屡见不鲜。这是后世的纸墨书写时代所不可想象的,也很难模仿复制。受到模件块范的影响,在避复之时,金文的整体字体也不同程度地所有损益,至少是在以笔顺为代表的书写过程上。无论如何,在实际的制作程序中,这些避复字不能完全视之为"书法作品",而是模件制作的字。也正是由此,古文字家基于本身专业,做过如下判断,"铜器铭文的书写者,为了避免重复出现的文字形体上的重复,采取了各种各样的方法,有的甚至采取破坏文字形体的完整性,使文字形体出现讹变。过去研究古文字的学者认为这种形体讹误的字是由于书写者一时疏忽和范坏所造成的,现在看来这是一种错误认识。这里所谈的对文字形体完整性的破坏是以避复求变的审美要求为理据的"②。说到底,铜器铭文是模件制作与书法意味的综合体现,二者相辅相成,又在一定程度上发生抵触。

毛笔之于书法,是工具之于作品的范畴,但二者最初的关系

---

① 徐宝贵:《商周青铜器铭文避复研究》,《考古学报》2002年第3期。
② 徐宝贵:《商周青铜器铭文避复研究》,《考古学报》2002年第3期。

并未如有人强调的那样广而化之,"毛笔的材质、工艺、形制及其使用方法,处处蕴含并体现着中华文化的深邃内涵"①,这样的说法总不免过于空泛。不过,毛笔却因为是属于软性毫颖,能有一定的储墨量,在一次蘸墨过程中的墨色变化,以及顺锋、逆锋和铰毫所引起的下墨顺畅与否等,均构成了中国书法的神秘性和不可预见性,由此也能生产某些图像化的意味。图像化的意味甚至在商周时期就已经开始探索了。与之后的隶变时期比较,先秦书艺存在一个书体与字体相互混杂相互影响的情况,对于字体变化可以说是相当敏感的,"器形、纹饰、字体三者之中,对时代变化反映最敏感的是字体,其次是纹饰,器形又次之。因此,我们确实有时可以发现某一件铜器的器形与花纹具有较早特征,其铭文字体则较晚,而相反的情况从来未见"②。学界对字体敏感性的关注在一定程度上也削弱了对书写本身的考察。

商周时期的甲金文字当然是中国书法的渊薮,而书法又是中国艺术中最为特殊的门类,需要旁及文史,字外求工。所以,许多中国书法史的著作,都不可避免地上追到商周时期的甲骨文金文的材料。可是,这时候的甲金文字与后世"书法"或是书写究竟是何关系,再如这样的文字痕迹可否构成关于书法的文化图景。这些问题无论是考古学、古文字学还是书法史都不曾考虑和解决。再退一步说,这时的中国并未出现独立的书法家。商代甲骨刻手固然书刻兼备,但史不传名。卜辞中的贞人与刻手应该是两人。再看金文,也不过是制作于钟鼎彝器之上

---

① 薛理禹:《笔源流初考》,《寻根》2009年第2期。
② 刘华夏:《金文字体与铜器断代》,《考古学报》2010年第1期。

的铭文。商周时期，我们看不到某位书法家慨然自由的书写，假如真有这样自由的书法家的话。这个假设若不成立的话，所谓的先秦时期的书法将会出现一个"无艺术家"时代。这比假托史籀、李斯之名来构建出的先秦书法史还要耐人寻味和错综复杂。在"前艺术家"的先秦书法史中，考古学、古文字学甚或书学都很难全面地予以阐述。毕竟这时的甲金文字，不如在简牍毫素等材料上的"一次性"书写完成[1]，反而是具有很大的制作意味；更何况还有相当多的图像文字，考古文字学界多将其称之为族徽文字。由此可见，铜器上的铭文，即金文在一定程度上承担着图像的意味，如族徽文字，以及极度象形的文字。这点固然不能够成为图像文化发达，蔓延至文字之上的证据，因为中国文字有着特殊性，即它本身的自有的构件。亦如刘敦愿先生所言，"中国历史文化悠久，铭文资料特别丰富，文字未曾实现拼音化，结构相当特殊，书法又成为一种独特的造型艺术"[2]。丛文俊在《商周青铜器铭文书法论析》引入更重要的一个概念——"篆引"。[3]并在其后所著的《中国书法史·先秦秦代卷》系统化，"我们合篆、引二字，以'篆引'为专用名词，用来衡量古文字象形符号系统之内各种书体的式样特征、风格美感、彼此间的关联及发展变化等。其中篆代表大小篆书体线条的等粗、排列组合中的等距等长、式样的转曲摆动之类似图案

---

[1] 因为"一次性"书写，才迫使书者开始追求笔法，而笔法又是书法的先决条件之一。
[2] 刘敦愿：《考古学与古代艺术研究》，《文史哲》1986年第6期，收入氏著《美术考古与古代文明》，北京：人民美术出版社，2007年，第3页。
[3] 丛文俊：《商周青铜器铭文书法论析》，《中国书法》1989年第4期。

花纹的特征,引代表书写的转引笔法"①。丛文俊提出的"篆引"概念相当重要,使得先秦书法讨论摆脱了只停留在青铜器铭文痕迹上,深入到背后的书写活动,"大篆书体是汉字脱略古形之后第一个发展阶段的规范式样,也是'篆引'的前期形态,它的形成,在商末周初的金文书法中即已露出端倪"②。然而,这种书写特征"沉没"在大量的铜器铭文之中,仅依靠书法家的经验感觉是不够的。而伯懋父簋墨书的出现则更有意义,注重用笔的一次性书写可以被更容易地观察到。

根据篆引概念再来看伯懋父簋墨书,无疑是一幅杰出的作品,尽管只有三字。丛文俊认为,"由于此墨迹为西周早期作品,正处于过渡、变化当中,诸因素毕集,对揭示书体演进线索至为关键"。也让人想起藤枝晃曾经的议论,"铭文则必须统传万世,让子子孙孙阅读并引以为尊。甚至可以说,与实际使用的文字相比,这种文字多呈屈曲状,以便产生装饰性效果。铜器铸造出来之后,铭文便出现在坚硬的铜器上,决不会是铸造出来之后才镌刻上去的,制成铸范后再镌刻,在技术上也无法达到要求。因此铸造之前,文字的原型早已被镌刻在铸范的毛坯上了。因为是用柔软的黏土来制造范型,用一把竹刀就可以轻易地完成这项工作"③。

可见,文字制造的难易程度是文字具有书体的条件之一。说到这里,应须先行做一个概念上的辨析,什么是书体,什么书

---

① 丛文俊:《中国书法史·先秦秦代卷》,南京:江苏教育出版社,2002年,第183页。
② 丛文俊:《中国书法史·先秦秦代卷》,第183页。
③ [日]藤枝晃著,李运博译:《汉字的文化史》,北京:新星出版社,2005年,第30页。

法。秋子说,"文字是记录语言,传载信息的符号但又具有艺术性质的本艺术形态。书法则是书法情意、旨在审美的创造的复艺术形态。书法的形态规定是书体,文字的形态规定是字体。书体是站在书法学的角度,主要以风格形态为标准;字体则是站在文字学的角度,以体制形态为依归"。所以,秋子将甲骨卜书定为独立的书法体系,"甲骨卜书不能视之篆系书法(文字)。它已从本质特征上构成一个自立的书法体系和文字体系。具有相对独立性"[1]。这一论断极具启发,但还不够大胆,应该再进一步剥离之,应将甲骨契刻的文字排除书法的书写系统之外,当然这些契刻文字具备一定的书法意味,甲骨文也是书法的必要给养,是必须注意的字体之一。但是,将甲骨文字材料直接称之为书法则不合适,这是由契文刻划性质所决定,造成书写的天然弱性。有学者更为细致地分析道,"甲骨文的特殊性,就给甲骨文书写蒙上了一层神秘的光环。渠为中国最早的成熟文字系统,然而最早的成熟的文字系统能否进入书法系统,成为成熟的书写确是需要思考的问题。严格地说,甲骨刻辞只是商周时期的一种特殊的俗体文字,是一种比较简便的字体,刻字的人为了提高刻字速度,创造和使用了一批简体字,调整了某些文字的形体结构,改变了毛笔字的笔法,并将笔画中的曲笔改变为直笔,从而造就了甲骨刻辞独有的特点……龟甲兽骨比较坚硬且有纵横纹理,这就要求契刻的文字字体必须相对简易,笔画宜用直线而不宜用曲线,毛笔书写容易而契刻较之困难些,因而部分笔法不得不作改变。刻写载

---

[1] 秋子:《中国上古书法史——魏晋以前书法文化哲学研究》,北京:商务印书馆,2004年,第103页。

体的限制,使得用刀契刻的甲骨文字体与当时用笔书写的通行文字有明显的差异"①。

那么,殷商时期有没有书法?答案是肯定的。启功先生根据殷墟出土的甲骨和玉器上的朱、墨文字,特别是笔画的圆润弹性的特点,认为制笔与书写者的技艺都达到一定水准。②启功先生不仅肯定了殷商有书法,也向我们善意地提醒,什么才是殷代的书法"作品"。如果狭义以笔法论之,甲骨契刻肯定不是。因为那是刻法,而非笔法。如一些学者所说的"就我个人看来,甲骨文创作不是'无法'可依,而是书家有'法'不依,或懒得依。甲骨文书法创作还是有'法'可依的,顾名思义,甲骨文书法是以甲骨文字为表现对象的,因而正确写出甲骨文字,应就是甲骨文书法的基本大法",显然是将书法的笔法和用字的法则混为一谈。那什么是笔法呢?孙晓云这样探索过,"以右手'经典'执笔法有规律地来回转动毛笔,令笔画纵横自如的方法,即是'笔法'。运用这种笔法,即是'用笔'。严格地说,用笔法写成的字才是'书法'。难怪起初怎么会叫'法书'呢"③。这下就明白了,甲骨契刻文是不体现笔法的。事实上,甲骨文字是迟在1899年才被世人所知,甲骨文字缺席于书学达千年之久。王羲之、褚遂良、李阳冰、米芾、苏轼等人并不知道还有甲骨文,但似也没有影响到他们的书法艺术。在没有甲骨文字的前提下,中国书法也发展得十分完备和成熟。陈彬龢讨论早期书法与文字也是将其

---

① 王鑫玥:《先秦墨迹书法整理与研究》,吉林大学硕士学位论文,2012年,第9-10页。
② 启功:《关于法书墨迹与碑帖》,《启功丛稿·艺论卷》,北京:中华书局,2004年,第109-118页。
③ 孙晓云:《书法有法》,南京:江苏美术出版社,2010年,第39页。

排除在外的,"凡古代文字之刻诸石或勒于金者,各有特殊之格,此属自然之结果。甲骨文字、瓦当文字、木刻文字亦有其特种之姿致也"①。我们对他"格"与"姿致"两词的使用应该予以重视。更何况若使用笔法,则会出现笔顺。因为书法之所以称之为书法的一个前提就在于书写工具的材料特性,因为软性毫颖的缘故才会有中锋侧锋的变化,笔顺的意义在于调整笔锋,这要比笔画间架结构重要得多。但是甲骨是没有笔顺的。艾兰的发现,是难得的窥视,但是囿于东西方文化的误解,使她的研究不能再进一步。我们对于甲骨的书法判定可能过于严格,但对于整个书法史研究来说,却是具有重要的意义的。至于说罗振玉、董作宾、容庚等人使用甲骨文字进行书写则是另外一个概念,是学者的学外遣兴之作。实际上,他们进行这样书写,先期也有以"永"字八法为系统的书学,且熏习甚深。退一步讲,他们是将书法技艺与甲骨学识加以结合,"雪堂先生有高深的文学素养,并熟悉甲骨文字,这二者的紧密结合,才有可能利用有限的千余甲骨文字辑成众多条楹联,使甲骨文字的研究由历史学、语言文字学的领域,延伸到书法艺术的领域"②;但绝对谈不上到了"能于清润朗健的意态中写出金石气来……通过宣纸效应的书法来成为抒写性情及美感韵味的艺术珍品"③的地步。客观来说,是本身先具备了一定的书法造诣,再应用于甲骨文字的书写,"清末的金石学家大多在书法上有很深的造诣,所以甲骨文字出土后,很快就被应

---

① 陈彬龢:《中国文字与书法》,上海:商务印书馆,1935年,第21页。
② 姚孝遂:《〈集殷墟文字楹帖〉校记》,收入罗振玉篆、吉林大学古籍研究所整理:《集殷墟文字楹帖》,长春:吉林大学出版社,1985年,第122页。
③ 田其湜:《古今甲骨文书法集汇》,长沙:湖南人民出版社,2010年,第29页。

用到书法创作中"①。而柳学智先生所提出的"甲骨学书法",最初就概念不清,将填朱或填墨与甲骨墨书、书写与契刻等不同层面的名词混淆起来。②靳永认为,要成功地对甲骨文书法进行"还原"和"改造",在用笔、结字、章法三个方面都要进行探索。③请注意这里是"甲骨文书法"。细读靳文,实际上其主张使用原有的"八法"系统书法技术对新文字材料进行再创造。我们不应该因要提倡古文字学,从而妨害书学的发展。即便是这样,我们还是要再次重申,甲骨文肯定具有一定的书法意蕴,但有书法意蕴与是否为书法则是两个不同的概念。这与印章篆刻的分野有些近似。沙孟海在《印学史》中亦言,"商代甲骨卜辞一般有卜人具名,可以说这批卜人便是最早的篆刻家。但不是印章,不算数"④。再退一步讲,书于龟甲卜骨的七十四例⑤可以被纳入"书法"视野之内,但数量更多的契刻之文却很难进入到书法作品的范畴内。

　　铜器上的铭文虽然也是制作而成,却有着一定程度上的书意。这与金文的制作工艺有关,"金文的创作是先把文字书写在软坯上制作模具,然后用烧熔的铜液浇铸。在金文刻范和铸造的过程中,对原来书写的笔画虽有所损益,但仍能更多地保留和

---

① 靳永:《书法研究的多重证据法——文物、文献与书迹的综合释证》,济南:齐鲁书社,2008年,第141页。
② 柳学智:《甲骨文与甲骨书法》,华中师范大学硕士学位论文,2002年。
③ 参见靳永:《书法研究的多重证据法——文物、文献与书迹的综合释证》,第142页。
④ 沙孟海:《印学形成的几个阶段》,《印学史》,杭州:西泠印社出版社,1987年,第192页。
⑤ 详见刘一曼:《试论殷墟甲骨书辞》,《考古》1991年第6期。

显示出书写的笔意"①。我们进一步再观察金文的具体书写可以看到,"在楷书的规范点画尚未形成之前,'捺'亦做'波挑'。有关于'捺'的起源,可以追溯到很早。周代青铜的铭文,类似'捺'的笔画比比皆是,这无疑是毛笔书写留下的痕迹;其余笔画经过雕刻、烧铸,已完全失去笔触。可见'捺'的特征是太突出了,几经折腾还保留着。"②更饶有意味的是,这样在泥版上而书与后世简帛时代的握卷而书③,在姿势上也保持相当程度的一致。这并非是厚此薄彼,只是金文、甲骨文字制作时使用了不同的工具,使得铜器铭文上最大可能地保留了书法特性,"西周青铜器铭文,不仅最大限度地保留了原墨书底稿的笔画起止提按等运笔形态,也保留了原墨书底稿字形的间架结构,也就是说,西周青铜器铭文文字字形,其书法特征亦达到了与原墨书底本形神肖似的地步"④,"金文因为浇铸的需要,需用毛笔先行书写,制为模范,再行铸造,故青铜器也是一种变相的毛笔书写材料"⑤。这其中,又因西周铜器铭文字数开始增多,文本性提高,书法性质开始降低。

  研究商周书法不可避免地会存在一个危险,即研究对象于制作前后多少会沦于程序化、文书化,削弱书法作品的意境。这一点又与后代写经抄书及刻帖的活动近似。当具备"笔法"的

---

① 何炳武:《中国书法思想史》,西安:陕西人民出版社,2008年,第31页。
② 孙晓云:《书法有法》,南京:江苏美术出版社,2010年,第96页。
③ 参见马怡:《从"握卷写"到"伏纸写"——图像所见中国古人的书写姿势及其变迁》,《形象史学研究》(2013年),北京:人民出版社,2014年,第72-102页。
④ 王长丰:《商周金文的书法特性》,《中国文物报》2002年9月4日第7版。
⑤ 王鑫玥:《先秦墨迹书法整理与研究》,吉林大学硕士学位论文,2012年,20页注1。

书写进入文书领域，不可或缺都会经历这种考验。"赵体（笔者按：即赵孟頫书法）像颜体和欧体那样，自十四世纪以来已经成为中国版刻所采用的主要书体之一。一旦成为印刷体，就不可避免程序化……"①这一危险，中国学者多少都被强大的史学及文本世界影响着，觉察不到。反倒是外国学者看得真切一些，尽管在某些立论上在史学坐标不那么确严。像安阳玉器朱书的材料，学界早有公布，但只限于释字的工作，而放弃了最为本位最应该考究的书写观察。②我们还要避免认识上的一个危险，即认为西周时期的"书法"仅仅是金文（这里指青铜器的铭刻文字）的一种形式。造成这样危险思维的原因可能很多，如金文出土较多、很早就予以著录、软性书写载体的不存等因素。但必须指出的是，西周的人们应该是有类似纸笔性质的书艺，书于铜器或泥范只不过是其转变形式。茹家庄强伯墓出土一件原始瓷豆（BRM1乙：65），器座内壁有用毛笔写成的"矢"字，字写在瓷胎上，上釉后烧成。③商周时期，类似的书写变体我们常有讨论，而在其背后的书写工具却常被忽视。

　　毛笔，是中国书法中最主要的工具。书法家沈尹默曾讨论过，中国书法之所以成为艺术，皆源于笔是软毫的毛笔为有机质构成，不易保存，至今还没发现商周的实物，"虽然还没有发现属殷商时代的像埃及芦苇笔之类的物品，但在卜辞中出现的'聿'字，在古铜器文中出现的手中把笔的形象文字，可以了解

---

① [美]车复礼、朱鸿林合著，陈葆真、肖蕙芳、柯伟勤协著，毕斐译：《书法与古籍》，杭州：中国美术学院出版社，2010年，第121页。
② 参见连劭名：《安阳刘家庄商代墓葬所出朱书玉铭考》，《华夏考古》2001年第1期。
③ 卢连成、胡智生：《宝鸡强国墓地》，北京：文物出版社，1988年，第417页。

此时已有笔存在，其笔形状也与今日的相似。制造笔的原料，也可从卜辞中的'聿'（很明白下脚是篆字毛的倒文）字发现，可以想象是用毛作笔，足以知道殷代就有了毛笔。铜器款识文鲜明的笔迹，亦能作为毛笔存在的证明。如说秦之蒙恬初造毛笔，可以解释为指的是始用兔毛。秦以前的石鼓文字，也可明显地辨认出使用毛笔的痕迹。另外，周之毛公鼎、散氏盘，用毛笔的痕迹也很清楚"①。通过考古工作，我们有幸可以看到战国时期的毛笔实物，先后在河南省信阳长台关1号楚墓②、湖南省长沙市南郊左家公15号楚墓③、湖北省荆门县包山2号楚墓④见到了三例先秦毛笔实例。特别是信阳1号楚墓，时代属于战国早期，更为惊奇的是一件书写工具箱的出土，"箱内装有12件修治竹简的工具，有铜锯、锛、削、夹刻刀、刻刀、锥和毛笔等"⑤。这件信阳1号墓的毛笔，长为23.4厘米、笔杆径0.9厘米、笔锋长2.5厘米，可见已然是讲究笔锋使用，特别是笔杆直径与长度之间比率可以更为自然地捻动于拇指内侧。这可堪是毛笔字（Brush Calligraphy）称之为书法的堂奥。⑥虽然"笔毫系用绳捆缚在杆上，笔头仍套

---

① [日]中村不折著,李德范译:《禹域出土墨宝书法源流考》,北京:中华书局,2003年,第163页。
② 河南省文物研究所:《信阳楚墓》,北京：文物出版社,1986年，第66-67页。
③ 湖南省文物管理委员会:《长沙左家公山的战国木椁墓》,《文物参考资料》1954年第12期；湖南省文物管理委员会:《长沙出土的三座大型木椁墓》,《考古学报》1957年第1期。
④ 湖北省荆沙铁路考古队:《包山楚墓》上册,北京:文物出版社,1991年,第264页。
⑤ 河南省文物研究所:《信阳楚墓》,北京：文物出版社,1986年，第64页。
⑥ 参见孙晓云:《书法有法》,第50-54页。

在竹管内"①,看似平淡无奇,但同出削却有鎏金的工艺,纹饰华丽,而书写工具箱在这时即可看作是书写系统的物质表现,是知此时的书写系统已经异常地发达及完备。这离我们所讨论商周书法尽管还有一段时间距离,但据王学雷对古笔的整理,发现晋唐之前的毛笔发展的时代革新并不剧烈,只是存在制作品种与书写要求上的区分。②尤其是汉代能够替换笔头的束帛笔,更能看出汉代人对软性毫颖的追求。那么,更早的商周人们的书写工具具体是什么样的?高蒙河带有推测性质的观点应该是可以成立的,"即使在用刀契刻的甲骨上,也有一些卜辞文字明显是用毛笔书写的……这些甲骨上的书写文字,风格与契刻的甲骨文不同。一般是字大、笔肥,与金文的风格接近,多书于甲骨的反面。看来,除了甲骨文、金文以外,商周时期还有另外一种使用毛笔的书法艺术形式。……最初的毛笔很可能并不完全是一种日常使用的书写绘画工具。但不管怎么说,中国早在史前或至少到了商周时代,就已使用了用天然兽毛制作的毛笔"③。所以,将我们所能见到龟甲兽骨上的契文直接称之为"书法"是不合适的,"甲骨文的两头尖的单线,完全是由于刻划而成,根本就不是当时书写的本来面目"④。现在观察到甲骨文字的痕迹也有平头的,但多是再次用刀形成的。

无论是甲金石刻,还是纸上的翰墨风流,都似乎在传达着一

---

① 河南省文物研究所:《信阳楚墓》,北京:文物出版社,1986年,第64页。
② 参见王学雷:《古笔考——汉唐古笔文献与文物》,苏州:苏州大学出版社,2013年。
③ 高蒙河:《毛笔的起源——文房四宝起源研究之一》,《中国文物报》2009年11月27日第6版。
④ 孙晓云《书法有法》,第154页。

个信息，即文字痕迹是能够传之后世，但当时书写过程却是一种即时性。"在陶土上刻写，中国可以上溯到新石器时代，为期至早；牛骨、龟甲、象牙、青铜及竹之用于铭刻和书写则可上溯至商代；以石、玉、丝帛及某种金属作为书写材料源于周代初期；书写于木简则始于汉代。某些坚硬耐久、不易磨蚀的材料，主要用于永久性的记录与纪念庆典的铭文，易于湮失蚀灭的材料如竹、木、丝帛之类则广泛用来抄写书籍、文件及其他日用文字。前一类材料用于延续许多代的纵向信息传递，后一类型的材料则主要供同时代人之间进行横向信息交流"①。之前我们过于看重这些材料的物质性，而忽略了其背后活动的时效性，毕竟书写是一项行为过程。

  从这种意义来说，伯懋父簋墨书的出现，使我们有可能将商周书法的考察纳入更多的因素。从这简略的三字中，可以推想当时书写工具、载体以及背后的姿势与运笔笔法，毕竟"古代铭刻的形式之美属于书法艺术的范畴，它不仅有其独特的审美要求，而且表现得相当突出"②。也正是基于此，我们大胆设想过这个墓的主人及其家人爱好习字。我们关于商周书法的探研工作也只是一个开端，且多属于蠡测的范畴。我们也尽力解决书法的起源问题。文字的起源与书法的起源并不是一回事，同时也需要把甲金文字中非书法的因素剥离出来。这可谓是铜器石刻铭文为载体的首要问题，它的解决也将推动早期书法史的研究，改变以大小篆等名词来指代粗细线条的书写。因为商周时期直接书法材料的

---

① 钱存训：《中国纸与印刷文化史》，桂林：广西师范大学出版社，2004年，第26页。
② 徐宝贵：《商周青铜器铭文避复研究》，《考古学报》2002年第3期。

缺少，在很多时候造成简单化的印象，有人直言"玉筯真文久不兴，李斯传到李阳冰"[1]，可见要探索商周书法着实困难，需要对考古材料与书法认识做双重剖析。而中国书法最为精妙的就在于它的笔法，"笔法是构成书法形式的重要因素之一"[2]，"笔法控制线条质感的作用是永远不会改变的，因此，它对于书法艺术从来不曾失去应有的意义"[3]。笔法是对运笔动作的控制，节制着笔管行进或停留，所以才能产生高质量的线条。在甲骨材料的线条中我们看到的是熟练，但看不到节制。因此，我们不同意将所有能够见到的商周文字书写材料都统称为"书法"，甲骨文字只能是广义上近乎书法的文字材料，并不是书法；而经过书法训练的人士选取甲骨文字进行书写是另外的情形。青铜器铭文因为制作的关系，书意渐浓，但是否是纯粹意义的书法作品则另当别论，需要具体而判。

原文以《从伯懋父簋墨书蠡测商周书法》为题，发表于《形象史学研究》2015年（上半年），本文略有删改。

---

[1] 齐己《谢西川昙域大师玉筯篆书》诗。
[2] 邱振中：《笔法与章法》，南昌：江西美术出版社，2010年，第2页。
[3] 邱振中：《笔法与章法》，第37页。

器与铭：铜器的文本与图像关系

中国古代青铜器有一个特点，器物铸有铭文，也有用錾刻的方法。据不完全统计，有铭文的铜器有一万多件，当然无铭铜器的数量则更为庞大。对于铜器的铭文，我们常以"金文""钟鼎文"称之。在青铜发现之初，有铭铜器就被关注。这种收藏习惯与中国重视汉字的传统一脉相承。以至于后来，文人玩赏吉金之余，铭文能够脱离铜器而独立存在，成为他们雅尚的主要内容。宋朝薛尚功编过一部关于铭文的著录书，书名《历代钟鼎彝器款识法帖》，言外之意就是将青铜器的铭文视作书法中的"法帖"，脱离铜器本身，独立著录。薛尚功首开先河后，历代均有类似的著录，其中名气大者如阮元《积古斋钟鼎款识》、罗振玉《三代吉金文存》。新时期以来，中国社会科学院考古研究所编著的《殷周金文集成》更是集大成者。以铭文为主体的著录方式，虽然对古文字及古史的研究有所促进，但也有一定的消极影响，

毛公鼎

毛公鼎铭文及全形拓，陈介祺、罗振玉等传藏

将青铜器铭文作为单一的"文本"（Text）来看①。这一趋势很容易产生见字不见器的效果，然而铜器及其铭文之间的关系，并非如此简单。

大体说来，商代铭文字数较少，常见多以十余字为限，另有缀族徽及日名的现象。日名是古文字研究中的一个专用名词，即以称祖、父、兄加甲乙等天干为先辈的称谓。周代金文出现日名的情况逐渐较少。日名的现象不仅是时代先后的标志，更

---

① 在古文字研究中常在铜器器名外加书名号，以指代该器器铭。

是族群的文化区别。张懋镕先生提出"周人不用日名"说①，大致分清日名在商周不同族群中的使用情况及其原委。在西周早期的铜器中，商人的后裔还保留使用日名的传统，而姬周宗族没有将日名铸于铜器上的习惯。不过，在商周文化圈的交互地带，彼此互有影响。社会学科某一理论的提出，不像自然科学那么截然；毕竟社会学科是以人为研究对象的。既然是人，总会发生偶然情况，那么日名及其族徽就有一些例外。在铭文字数上，也有类似的迹象，西周铭文多为纪事，并出现长铭，商末也已有数例字数在20字以上的铭文铜器了。西周以后，铭文字数逐渐加长，至西周晚期出现了单器最长铭的毛公鼎，为497字。铭文字数逐渐增长，使得金文日益文本化。然而在早期铜器上因为铭文字数较少，文本化的色彩并不浓厚，甚至有文字与图像混搭之作，可谓是一种"左图右史"在铜器上的反映，当然这是笔者善意的联想。像商末周初的子龙大鼎，其铭文"子

子龙鼎铭文

---

① 张懋镕：《周人不用日名说》，《历史研究》1993年第5期，收入氏著《古文字与青铜器论集》（第一辑），北京：科学出版社，2002年，第217-222页；《再论"周人不用日名说"》，《文博》2009年第3期，收入氏著《古文字与青铜器论集》（第三辑），北京：科学出版社，2010年，第23-26页；《三论"周人不用日名说"——兼答周言先生》，《古文献整理与研究》第一辑，2015年，收入氏著《古文字与青铜器论集》（第五辑），北京：科学出版社，2016年，第185-197页。

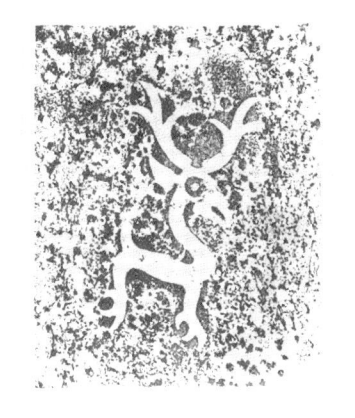

鹿方鼎铭文　　　　　　　鹿方鼎

龙"就属于这样的例子。①虽然铭文"子"字是有人形之意,但外形还是属于文字的字体范畴。而"龙"字则径直为龙的形状。虽然龙是古代中国幻想型的动物,但其具体形状出现很早,②后来常以三叠的曲折来表示龙身。推想在子龙鼎制作时,工匠对龙的形象已有更为细致的考量,才能在铭文上出现"文字+图像"式的表达。细看"龙"铭的形状,有角,带吻,凸睛,曲身,卷尾,与商周玉器之龙近似。此外,还见有牛或鹿形状铭文的铜鼎。1935年安阳侯家庄西北冈1004号大墓出土的两件方鼎,出土时紧靠在一起。大鼎内底铭一牛形,小鼎内底铭一鹿形。陈梦家先生在发现不久就指出,这两件方鼎上的铭文是标明鼎的用途的。这一说法是比较恰当的,在各自的外腹部,分

---

① 朱凤瀚:《子龙鼎的年代与铭文之内涵》,《中国历史文物》2006年第5期。
② 见李零:《说龙,兼及饕餮纹》,《中国国家博物馆馆刊》2017年第3期。

别装饰有牛首或鹿首。刘雨先生根据两鼎的容积并结合文献坐实这一结论①,即牛鼎用来煮牛,鹿鼎则是用来煮鹿。既然牛鹿之铭不是指代牛族和鹿族,也就意味着绘制图像的色彩就要浓厚得多。我们认为鹿铭铜器是源于所煮之物,还有一条证据可以佐证,即在西周早期墓葬中有殉鹿的情况。陕西长安县(今西安市长安区)张家坡村36号墓,"在墓的东端高出椁室约0.1米的填土中,发现一具完整的鹿的骨架,全身蜷曲作伏卧状。以鹿随葬的情形在西周墓葬中不多见"②。

由此可见,铜器上的铭文在一定程度上承担着图像的意味。也就是说,铭文与铜器上的纹饰有一定的相合之处。这种情况不是所谓图像文化发达,蔓延至文字之上,而是因为中国文字本身的特性。中国文字的特殊性,在于它本身的自有的构件,如刘敦愿先生所言,"中国历史文化悠久,铭文资料特别丰富,文字未曾实现拼音化,结构相当特殊,书法又成为一种独特的造型艺术"③。亦基于此,我们或然仅能称铜器文字具有图像的意味,却不便将其直接称之为图像文字,即便是族徽等象形浓郁的金文形式。更何况西周中期之后,文字开始日渐抽象及繁化。

西周早期文辞古奥,文气与《尚书》《逸周书》相仿佛,是庙堂重器镌刻的典型文字。西周中期以后,长篇的叙事铭辞开始增多,如史墙盘、裘卫家族的许多器物,记载着一个家族的

---

① 刘雨:《殷周青铜器上的特殊铭刻》,《故宫博物院院刊》1999年第4期。
② 中国社会科学院考古研究所沣西发掘队:《1967年长安张家坡西周墓葬的发掘》,《考古学报》1980年第4期。
③ 刘敦愿:《考古学与古代艺术研究》,《文史哲》1986年第6期,收入氏著《美术考古与古代文明》,第3页。

王子婴次炉 春秋中期

兴衰荣辱。甚至还在铭文上出现了界格，如颂壶，虽然是制作铭文的痕迹使然，也反映出在软性材质载体上书写的情形。这样一来，字数虽然增加，呈现出一种文本化的形态。东周时期的铭文更加多样活泼，刻写铭文的出现更使铭文字体呈现自然化、生活化。甚至铭文的有些内容也与当时重要的文献档案能够对照。如《左传》桓公十八年，"祭仲逆郑子于陈而立之。杜注：'郑子，昭公弟子仪也'。"此条后又有杨伯峻注，"1918年新郑墓出土王子婴次炉，郭沫若两周金文辞大系考释谓即子仪之器，恐不确。子仪，郑世家谓之公子婴"，其后《左传》庄公十四年传再次涉及郑子及王子婴次炉，"郑厉公自栎侵郑，获傅瑕。傅瑕曰：'苟舍我，吾请纳君。'与之盟而赦之。六月甲子，傅瑕杀郑子及其二子，而纳厉公"。杨注："郑子即子仪，以无谥号，故称郑子。传世器有王子婴次炉，王国维谓为楚公子婴齐器，郭沫若则以为即郑子仪之器，详殷周青铜器铭文研究第二册。然郑子不说得称王子，郭说似可商"。王子婴次炉是郑子仪器还是楚公子婴齐器暂且不论，只单看所记史实，便可知文献和器物、铭文联系之紧。

通常我们认为，刻铭为战国秦汉常见，实际上刻铭铜器最早出现在西周中期，如晋侯苏钟。在这组编钟上，铭文为加刻、补刻而成。虽然也是为了要刻出文字，但因为錾刻等文字制作的关系，文字并非一次成型，产生制作的意味。我们来看晋侯苏钟这组器物，编钟分为两组，一组为8件，共16件。其中最后两件出土于山西曲沃北赵晋侯墓地8号墓，其余14件早年被盗发，流散于港埠古玩肆中，承马承源先生心力，现今16件聚藏于上海博物馆。这组16件的晋侯苏钟，为刻錾联铭，共355字。[①]李学勤先生认为，晋侯苏为《史记·晋世家》中所说的献侯籍，铭文所记载的事迹在厉王三十年。但是，器作和制铭就相对复杂些了。晋侯苏钟并非一次铸成，而

晋侯苏钟　西周厉王时期

---

① 王世民、李学勤等：《晋侯苏钟笔谈》，《文物》1997年第3期。

是拼凑出的一套，其两组前面各有两件不是中原制品，当系铭中 战事中所俘获的战利品，后来配上其余各件，再统一加刻铭文。李学勤先生有论，"钟的完成有可能在铭文记事之后。战事时苏还不是晋君，铭中称晋侯乃是后来追称"[①]，也就是说，铭文中所记晋侯随周王出战的时候，还不是以"晋侯"的身份，晋侯是之后加封的。西周晚期开始出现加刻的铭文，之前都是铸铭。加刻铭文的铜器在西周晚期数量很少，多是出于特殊情况才錾刻的，也不只晋侯苏钟独例，上海博物馆所藏的戎钟也是加刻铭文。

除纪事和造器过程中，器主的称号不一外，晋侯苏钟铭的文字笔画也非是一次刻成，乃多次錾刻、积点成线而形成文字的笔画，这与刻纹铜器的制作方式有不谋而合之处。如1978年江苏淮阴战国中期墓出土的六件铜器，据观测，"非刻纹面多为铜锈覆盖，特殊保护层难以分辨。今分析的几块试样皆是一面刻纹，另一面无刻纹。刻纹图案主要是人物、鸟兽、花草、楼宇，也有一些角状纹等。刻纹一般较深，自然流畅。但在放大下观察时，也可发现有的线条(不管是直线还是曲线)并不是十分连续

中山王譻鼎铭（局部）

的，而有一些停顿和连接处，有的长线条显然是由更短的线条连

---

① 王世民、李学勤等：《晋侯苏钟笔谈》，《文物》1997年第3期。

望簋铭

成"①。晋侯苏钟字数较多,将近四百字,若无尖锐工具,辄不易为之。苏钟铭文在字的笔画转折处,不是一刀而就,而是錾点成线;但在战国时期的中山国平山三器上,铭文也是刻铭,然笔画转弯处比较流畅,类似苏钟的积点成线的现象很少出现。整体来看,苏钟笔画略显迟滞,如第二件钟的铣部,其"晋"字的上半部分"丫"形,右侧斜笔向下后,并不是一笔向左转笔,作一圆弧;而是在斜笔略上方处停顿,用一个小方折笔来形成封闭的圈圈形状。而平山诸器中所见笔画,用笔爽利,如"王"字中竖,一笔贯通而下,用笔挺劲。其他字交叉或转折的笔画直接作方折处理。足可见刻写工具要比晋侯苏钟时代的硬度高。这两组刻款铜器的出现并非寻常之制,也与战国后期的兵器刻款不同,后者的刻款多体现器物的制作监管层级系统。而纪事的刻款多记录非比寻常的事迹,所以才不惜花费精力刻出。如平山三器中的鎏壶就是中山嗣王䇞为其父礜王送葬时所刻,文辞语调悲凉,反映了敌国将要入侵中山国的危机四伏。晋侯苏钟则不太考虑编钟是否是成套,甚至将外族器物纳入铜钟组合,并在上面刻字,以记载晋侯苏的武功鹰扬,其踌躇满志跃然其上。晋侯苏钟是"西周厉王三十三年时期,也即公元前846

---

① 何堂坤:《刻纹铜器科学分析》,《考古》1993年第5期。

年的器物"①，它的制作以及铭文刻铭有着极大的特殊性。因为"文字书写的材质、书写方式等会对字体产生巨大影响"，苏钟的刻铭不同于铸铭，后者有铸造字符与器物协同作业的性质。②而西周金文"旦"字通常作🙾（望簋）③，下所从皆为块面状形体，而晋侯苏钟由于是刻铭，所以"旦"字写

荣子方尊

成了😊，"日"下的实心块面成了线条，迥异于西周金文中的一般写法。因此，在书写材质、书写方式一致的情况下对文字形体的演变进行研究，将更能反映文字系统本身的形体演变规律"④。如果这样的刻写具备某种"抄写"形式的话，那是否会存在若干

① 叶正渤：《从历法的角度看逨鼎诸器及晋侯苏钟的时代》，《史学月刊》2007年第12期。亦可参看李仲操：《谈晋侯苏钟所记地望及其年代》，《考古与文物》2000年第3期。
② 参见[德]雷德侯著,张总等译,党晟校：《万物：中国艺术中的模件化和规模化生产》，北京：生活·读书·新知三联书店，2005年，第58-61页。
③ 《殷周金文集成》4272，第2603页。
④ 张再兴：《金文构件形体的演变——基于字形属性库的类型学研究》，《华东师范大学学报》（哲学社会科学版）第39卷第2期。

颂壶铭文拓片（局部）　　　　　颂壶铭文照片（局部）

书写的意味呢？中国书法是一个很特殊的艺术门类，抄写与创作常常共存，比如敦煌等地所见的抄经卷子。不过，在抄写之余，文辞的移录会开始较少地耗费写者的心神，以技术为保障的书法变得可能，成为独立的艺术。但在金文中，这些都是一种萌芽状态。除晋侯苏钟为刻铭外，还有鄱子成周编钟。它的情况就更有意思了。鄱子成周编钟1978年出土于河南固始堆1号大墓[1]，共有9件，形体相似，大小依次递减，每钟均有铭文，但钟的原有器主名字都被铲掉，再刻上"鄱子成周"，说明此套编钟并非鄱子成周所作，或因战争的关系取自他人，然后刻上自己的名字，彻底地据为己有。[2]

---

[1] 固始侯古堆一号墓发掘组：《河南固始侯古堆一号墓发掘简报》，《文物》1981年第1期。
[2] 固始侯古堆一号墓发掘组：《河南固始侯古堆一号墓发掘简报》，《文物》1981年第1期。

随着时代的推进，铜器铭文逐渐增长，并开始文本化。这有着特定历史背景的。因为殷周沿革，特别是殷遗民的问题，几乎要到西周穆王时期，才真正确立起西周的本体文化。当然，文化滞后于政治变革是人类社会普遍的规律。从某种意义上说，在铜器制作上，周人起初较为落后，"青铜器在商代是宗教礼制的核心，是关乎社稷存亡的重要器物。而在姬周族的文化中，青铜器出现较晚，西周早期青铜器还不被周人所重视。随着西周礼制的逐步完善，在'穆王革典'之后，西周青铜器礼制文化方告形成，青铜器才成为周人政治生活中的重要角色"①。昭穆时期，西周的图像文化也开始予以确立，仅以铜器为例，开始以实用的几何纹替代兽面纹，进而发生器种的最终变革，食器逐渐取代酒器的地位。亦如此说，"周人推翻商朝后，随之创立的天命说就是一个巧妙的翻版，而且再次利用抽象的艺术手法。此说不仅确立和巩固了周王朝的合法地位，在抽象艺术——几何图像的辅助下，也试图使人们忘记动物崇拜的习俗和商王朝对此信仰的权威性"②。出于这种权力继承合法性的需要，也使得将其器物也进行某种翻版，"当周人的祖先从西方继承了他们的陶器，他们对东方商王朝都邑文化的某些方面也充满了渴望。在克商前的数十年间，他们采用了晚商青铜礼器固定的形制。最常见的器型是鬲、鼎以及乳钉菱格纹簋。如前所述，它们像是更为复杂的商代青铜

---

① 梁彦民：《殷墟与西周时期具盖青铜鼎刍议》，《陕西历史博物馆馆刊》第13辑，西安：三秦出版社：2006年。
② 杨晓能：《商周青铜器纹饰和图形文字的含义及功能》，《文物》2005年第6期。

器的笨拙翻版"①。毫无疑问,以殷墟为代表的商代晚期铜器是当时先进文化的一面旗帜,周人作为"文化后进"的异族,文化的自卑感迫使他们急切地进入到先进的图像文化系统。这一点,非常近似于后来发祥西戎之地的秦人对周文化无所保留的继承。也因此,取得大统的周人允许殷遗民使用原来传统的兽面纹饰系统,甚而还在一定程度上允许饮酒的。

所谓郁郁乎文,是西周逐渐放弃殷商诡奇的纹饰或图像,在青铜之上更多采用一种平实近乎人道的图像及符号。但这种转变并非一蹴而就,需要有一个时间过程。更为重要的是,西周铜器上,铭文成为重要的因素,甚至可以看作是一种另类的"图像"。铜器上的铭文字数渐多、字排也渐次整饬,记录的内容也越来越重要越复杂,出现土地交换、家族发展等社会图景,使得整个社会朝着"乎文"时代在开拔。青铜礼器作为王权、神权的象征物,商及周初有一定的传续。进入西周之后,社会思想观念发生了巨大变化,青铜器的艺术风格随之而转变。总的趋势是威慑、神秘的色彩减退,追求典雅、和谐与秩序化之风浓烈,甚至会出现反差极大的文化图景,"周朝早期青铜器显得笨拙,甚至古怪;而文献则优美而令人信服"②,"由周穆王执政时期开始,一部分青铜礼器由纪赏赐、表荣宠转向书约剂,即其成为重要条

---

① [英]杰西卡·罗森著,黄爱梅、吴晓筠译:《是政治家,还是野蛮人——从青铜器看西周》,《祖先与永恒——杰西卡·罗森中国考古艺术文集》,第28页。
② [英]杰西卡·罗森著,黄爱梅、吴晓筠译:《是政治家,还是野蛮人——从青铜器看西周》,《祖先与永恒——杰西卡·罗森中国考古艺术文集》,第21页。

史墙盘

约、契约的载体。不少青铜礼器带有长铭①,"成为'读'而非'看'的对象"。

故此,西周成王立位之后,逐渐开始利用长篇铭文所造成的对权力的控制和占有,是一种独特的铜器文化现象,故而有学者分析,"西周时期青铜礼器上的铭文制造技术是保密的,后来由于周王室东迁,才将这种技术散落到民间"②。另外,西周铜器断代一直是研究的难点,尤其是昭王、穆王、夷王等时期,社会变

---

① 林通雁:《从美术史的视角探讨青铜器艺术——〈中国古代青铜器艺术〉编后感》,《美术之友》2002年第6期。
② [日]松丸道雄等编:《中国史》第一卷第四章《春秋》,东京:山川出版社,1996年。转引自冈本真则撰,李冬君译:《2003年日本史学界关于殷·周·春秋史的研究》,《中国史研究动态》2005年第4期。

动大,王世积年也高,对一些铜器的判定多有不一样的意见,如荣子方尊。方尊这种器形多见于商代后期,在西周早期也有存在,之后逐渐消失。在它行将退出历史舞台之前,还有一个"回光返照"的现象,荣子方尊就是这种现象。当然在这种古老器种上,往往会与器形相配,装饰以复古的纹饰。虽然出现了兽面纹以及所谓的蕉叶纹,但其具体样式已经有所变化。仅仅考其大略,就判定为三层满花的旧式风格,有一定的失误之处。这并不是说,风格不具有断代的意义,只是需要更为严密的考量,不能只看到纹饰相似,就将其归为成王时器。这需要进行纹饰细读,也需要综合处理各方面的因素,诸如器形、纹饰、铭文等。荣子方尊铭文的时代特征是较晚的因素,尊字酉部上已有两小竖,绝非成王时器。利用铭文断代不仅有一定的理论支撑,书写及其铸造技术的封闭性使得铭文字形有早晚变化及地区差异,"对工匠自由的限制及其职业的世袭,使得青铜礼器的生产技术具有相当大的封闭性。如西周时期,在中原地区的青铜礼器上多有长篇铭文,而南方地区出土的青铜器上一般没有铭文,即使有少量带铭文的青铜礼器,其器形和纹饰都与中原地区相同,与本地无铭文器物有区别"[①]。

大致说来,带有铭文的铜器是中国铜器的显著特点,也很容易使人认为是书法的早期形态,"中国历代书法文字的内容是一种历史的记录。它包含着书写者的举止和情感,是了解我国史实的珍贵材料。如果从书法的艺术形态特征来说,它还与书写工具和材料(如笔、墨、甲骨、铜铁器、砖石、竹木简牍、

[①] 袁艳玲:《周代青铜礼器的生产与流通》,《考古》2009年第10期。

绢帛和纸等）的变化有关，也体现了时代的精神崇尚"①。我们基本同意铜器铭文可以作为书法范畴的实物材料，但还是应该从本位出发，更多考量铭文制作的状况，"从殷商到春秋的数百年间，青铜器铭文主要是在铸造青铜器的过程中一次形成的，这种方法是在青铜器铸造过程最初的制作模型阶段就在泥模干燥过程的适当时机，用毛笔起稿而后进行雕刻。只有少量的铭文属于铸成后用利器凿刻而成。这种书写材料和书写方式的长期一致性排除了文字以外客观因素的影响，又为渐进性缓慢发展的字形提供了充分的时间。金文的这些特征为字形演变规律的研究提供了优越的条件"②。而金文却有着纸本笔性的痕迹，在西周中后期颂鼎、颂壶上带线格铭文上就可见一斑，到了春秋时代麕羌钟就更加明显了，"此钟铭与秦公簋一样都是作于方格之中，更增强了书体

大克鼎铭文（局部）

---

① 俞伟超：《〈中国历史博物馆藏法书大观〉序》，载《中国历史博物馆藏法书大观》（第一卷甲骨文金文一），上海：上海教育出版社，2001年。
② 张再兴：《金文构件形体的演变——基于字形属性库的类型学研究》，《华东师范大学学报》（哲学社会科学版）第39卷第2期。

的篆意，与人极均整的感觉"①。出现这个感觉显然是与西周大量出现的私文书有着密切的关系，"西周青铜私文书的数量远远超出了商和春秋战国时期的铭文器数。日本泉屋博古馆此次展出商青铜器24件，铭文器6件，占所展商青铜器的25%，先秦青铜铭文器的9%；展出的春秋战国青铜器48件，铭文器16件，占所展春秋战国青铜器的30%，先秦青铜铭文器的25%；而西周青铜器53件，铭文器就达42件，占所展西周青铜器的80%，先秦青铜铭文器的66%。从以上统计数字可以看出，西周青铜铭文器远远多于商和春秋战国时期的青铜铭文器总数。不但日本泉屋博古馆所展藏的西周青铜铭文器如此，我国著录的出土和传世的先秦青铜铭文器里，西周青铜铭文器也占绝大多数"②。私文书的发展与铭文铸法的变化不无关系，最初的浑铸法被范块所取代，这样，在未成器之前铭文为形式的文书得以控制在最小范围的阅读及观看。同时，铸造方法的改变也最大限度保留了"粉本"书写状态，书意变得浓厚，"铸铭方法的不断改进致使西周铭文字数得到迅速增加。铸造铭文时，有采用'直接在范上刻铭'的方法，铸成的铭文即为阳文。有的则采用在'铭文范模上刻正阴文，翻出反阳文范，嵌于范中，铸出正阴文'的方法铸铭。这两种方法都有许多缺陷。而后发明的在'范上按字或按行贴泥片，刻成反阳文，铸成正阴文'的方法，铸铭时可'不限铭文字数'也'不需预制铭文范模'，这种铸

---

① [日] 白川静著，温天河、蔡哲茂译：《金文的世界——殷周社会史》，台北：联经出版事业公司，1989年，第221页。
② 孙瑞：《日本泉屋博古馆所见先秦私文书——西周青铜私文书的鼎盛》，《日本学论坛》2002年第1期。

铭的方法是西周青铜私文书字数增多的主要原因"①。容庚先生特别是讨论了一件铸刻铭文兼有的器物,"骏卣铭作'骏作旅彝','作旅彝'三字乃铸欤,骏名补刻,盖器皆然,故知铭文无作器人名及被作器人名者,乃虚其上以待补刻也"②,唐兰先生研究趞钟就说过"由书法观察之","其铭实并不如昭、穆时器瑰奇秀丽,其较胜于恭、懿时之散漫者,特以渐趋整齐,而骨骼恢张,则又厉宣时期之特色也"。王长丰《商周金文的书法特性》③以同器分铭的角度,分析了金文的书法问题,不能不说是一个有益探讨。

> 成王时的《宾尊》、《宾卣》(器盖)、《卿鼎》、《卿簋》;康王时的《作册大鼎》(四器)、《史簋》(二器);昭王时的《作册卣》(盖器)、《作册令方尊》、《作册令方彝》、《作册矢令方尊》、《蔡鼎》(二器)、《小臣簋》(二器,盖器同铭)、《臣辰父癸尊》、《臣辰文癸卣》(二器,盖器同铭)、《臣辰父癸盉》、《召尊》、《召卣》(盖器);穆王时《盂簋》(盖器)、《兢卣》(盖器)、《静卣》(盖器);恭王时《师酉簋》(三器,盖器同铭)、《大鼎》(二器)、《生簋》(四器),以及此后如《谏簋》(二器)、《扬簋》(二器)等等,上各器同铭或分铸于一器中的器、盖或分铸于多器,行款字形或相同或相异,

---

① 孙瑞:《日本泉屋博古馆所见先秦私文书——西周青铜私文书的鼎盛》,《日学论坛》2002年第1期。
② [日]松丸道雄:《西周青铜器制作的背景——周金文研究·序章》,东洋文化研究所,东京大学,1977年,第84-112页。
③ 王长丰:《商周金文的书法特性》,《中国文物报》2002年9月4日第7版。

但无论分铸多少，同铭诸器书法风格均相同。其中最典型者当属《师酉簋》三器同铭，每器分铸于器盖和器身。《师酉簋》铭文字数较多，三器六铭，每铭行款不同，字行结构亦不相同。单就同一器铭来说，相同的字其字形也作了相应的变化，尽可能地使同字不同形。此铭六次浇铸，且字形、行款不同，大小各异，当为六次书写底稿浇铸，但将此六铭拓片放在一起，其书法风格相同，如出一辙，就像一次浇铸完成。再如《此鼎》三器同铭，《此簋》八器八铭等等亦如《师酉簋》。由此可见，西周青铜器铭文，不仅最大限度地保留了原墨书底稿的笔画起止提按等运笔形态，也保留了原墨书底稿字形的间架结构，也就是说，西周青铜器铭文文字字形，其书法特征亦达到了与原墨书底本形神肖似的地步。商周甲骨文、青铜器铭文，特别是西周青铜器铭文，它们都很好地反映了原墨书底稿的原貌；且不同书写者所书写的文字其书法风格亦不相同。

西周中期的史墙盘上的铭文可以算是比较成熟的文本化，盘内底铸铭文18行共284字，铭文前半部分颂扬西周文、武、成、康、昭、穆诸王的重要政绩，后半部分记述微氏的家族史。铭文言辞古奥，亦是用四言句式，颇似《诗经》体例。史墙盘的铭文与古代文献的记载能够互相印证，不仅是研究西周历史的重要史料，也有较高的文学价值。

在书法范畴内，甲骨契文与铜器铭文有着比较明显的差别，即便是金文内部，也存在着文本与书艺相互交错的情况。郭沫若曾论，"有意识地把文字作为艺术品，或者使文字本身艺术化和装饰化,是春秋时代的末期开始的"①。我们认为,这种特有的艺术,可能出现的时间会更早一些,"在楷书的规范点画尚未形成之前,'捺'亦做'波挑'。有关于'捺'的起源,可以追溯到很早。周代青铜的铭文,类似'捺'的笔画比比皆是,这无疑是毛笔书写留下的痕迹;其余笔画经过雕刻、烧铸,已完全失去笔触。可见'捺'的特征是太突出了,几经折腾还保留着"②。"从用笔剖析,其多变的书写形式与浪漫、抒情的自然风格,一是明显地具有毛笔笔意,表明用笔的轻重提按;二是已表明用毛笔表现线条的曲直肥瘦与力感,中锋行笔已然露痕;三是已表明线条运用中的线、点、面交错相构,从而使字形的组合趋于和谐与含蓄的美感性质凸现出来。从笔画线条特征作深入剖究,初时的商金书尽管并未强调篆引,但显然已露出篆引的些许端倪。"③综而言之,西周时期已经初备书法气度,"在先秦时期,书法的法度程序初备于西周大篆,体现着统治者的意志,以及美的价值和选择,也可以说体现了礼乐文化的秩序感"④。因为有了篆引,有了提按,有了铰毫,文字书写才从抄写中独立出来,成为一门独立的艺术语言,尽管后两种属于秦汉之后才出现的书写技巧。文字因具体书写情境而出现种种偶然性的"笔触"形态,"书写"行为本身是自在的。笔触的变化和我们指端所施的力有关,反映在毛笔上,就是提按的轻重。同时,也与书写材料的材质肌理有

---

① 郭沫若:《古代文字之辨证的发展》,《现代书法论文选》,上海:上海书画出版社,1980年。
② 孙晓云:《书法有法》,南京:江苏美术出版社,2010年,第96页。
③ 秋子:《中国上古书法史》,北京:商务印书馆,2004年,第109页。
④ 丛文俊:《中国书法史·先秦秦代卷》,南京:江苏教育出版社,2002年。

关。书法固为人所书写,而一当它呈现,其形态便有不为书者所能控制的。而我们所要学习的不是那种偶然性的"笔触",而是书写的普遍"法则"。"迄今为止,商周至秦都有墨迹发现,还有为数众多的刻款金文。面对这些实用文字,很容易感受到它们的种种书法之美,而实际上只是不期然而然的无心之作,并非为着美的目的"[1]。

---

[1] 丛文俊:《中国书法史·先秦秦代卷》。

金文整饬的动力与方法
——以早期铜鼎铭文为例

  金文,指的是铜器上铸造或錾刻的文字,为中国古代青铜器显著的特点之一,也是与世界古代文明中的青铜器物的主要区别。很多情况下,金文除作为古文字的研究材料外,也被视作商周时期的书法资料。在讨论先秦或早期书法史时,大多直接采用若干青铜器的铭文,并加以论述。

  无论是古文字学还是书法史,讨论金文时,都不同程度地使用到"风格"一词,说明两方面学者都多少注意到金文风格变化的问题。金文风格或更为通俗地称之为"书风"。容庚先生在《商周彝器通考》中对金文的书体书风有所分析。他的分析不同于考古学的分类,主要侧重于风格,亦关注笔画本身,"至于字体,商周两代亦有差异。商代可分雄壮秀丽两派。雄壮派如乃孙作祖己鼎、车作父丁尊是也。秀丽派如乙亥父丁鼎、斎卣是也。介乎两间者无论焉。然而首尾皆略纤锐。西周初期尚承其体。如盂鼎、麦鼎则属于前者,沈子簋盖、遹簋则属于后者,犹未大变。西周后期则笔画停均,不露锋铓,如毛公鼎之长方,散盘之融扁，此一变也"①。更为难得是，容庚已开始以铭文痕迹为线索对书写本身进行讨论，"铭文间有方格，殆为书写之便。如师趛鼎、克鼎、广簋、番匊生壶、大鬲皆有阳文方格。然铭文往往跨于格上。大克鼎前半有格而后半无之，颂壶器有格而盖无之。郘䥇鼎及壶则有阴文方格，字皆书于格内"②。这些都是对金文书写及其风格问题有益的探讨。

我们认为，容庚对书体虽有技术性质的具体分析，但若在之后的研究中过度使用"风格"，而不加以其他维度的控制的话，则将无法更进一步，尤其是深入到书体及书写内部，进行更为细致的观察讨论。这种细致讨论不同于古文字的考释研究，更趋向于一种中程讨论。王长丰关于金文书法的研究，虽然规划出王世、家族、地域性等七个研究方面，也未深入肌理。③其实从另外的讨论中，我们大概也能有所感受。

> 晚商周初青铜器铭文有不少仿形成分，单字大小不一，笔画粗细差别较大，构形不统一。西周早中期，人们致力于线条化、符号化、书写性等方面的改造和探索，同时，调锋藏锋用笔也渐渐成为周人书刻中有意识的追求，这是古文字改造的第一阶段。做法主要有：弱化仿形因素，简化字形，匀一字径，匀整点线，规范笔画，使笔画结构趋于对称、均衡。因裹毫笔法渐成时尚，不少题铭有厚重、浑朴、含蓄之

---

① 容庚：《商周彝器通考》，上海：上海人民出版社，2008年，第65页。
② 容庚：《商周彝器通考》，第69页。
③ 王长丰：《商周青铜器铭文书法艺术研究及其风格问题初探》，《学术界》1997年第3期；《商周青铜器铭文书法艺术相关问题初探》，《书法之友》2002年第4期。

感。即便在西周初期,周人就有着不同于商人的书刻观念,拿晚商刻辞与时期相近的周人刻辞作对比,即显出许多差异:殷刻辞笔画直平、方转直折,周人甲骨文笔画转折处则多圆曲之势,笔势较商刻辞圆转和润。到西周中期,金铭文已大异于商末周初的样子了。[①]

我们发现,除了字体结构讨论外,就陡然跃进到"厚重""浑朴""含蓄"等带有极为强烈的主观化描述语句上,缺少中间层次的描述与讨论。无可否认,商周金文从大小不一向工整文书化发展,整饬是一个大方向。李卓阳虽然也注意到金文越来越工整,逐渐有一定的秩序,[②]但过于用后世的书学知识推演前代,譬如使用中锋、侧锋或藏锋、露锋的概念,进展不大。这种情况在对西周早期金文专门性的论述中也没有太多改善。[③]郭晶提出西周金文去笔墨化的观点,[④]对利用书法研究商周金文的误区有一定纠正,但对西周金文流于泛论,毕竟仅仅去笔墨化不能成为"吉金质感的端庄与质朴"、"规范典雅"的具体方法。

我们提出整饬这个概念,虽然也是一个带有风格性质的词汇,但书体在可视化的层面上既包括字体结构,也包括行间排布,便于我们进行中程讨论。我们讨论的重点将在如何进行整饬及其动力,也包括一些具体的方法。随着研究的深入,我们发现

[①] 王晓光:《陕西眉县杨家村西周窖藏青铜器铭文书法浅析》,《书法丛刊》2010年第6期。
[②] 李卓阳:《甲骨文与金文的书法风格差异》,《忻州师范学院学报》2013年第5期。
[③] 司燕飞:《商及西周早期金文的形式分析》,中国美术学院硕士学位论文,2011年。
[④] 郭晶:《西周金文风格探析》,《美与时代·美术学刊》2017年第3期。

西周前期是金文一个相对关键的转捩时期，亦与铜器风格转变现象趋近，"青铜器的发展由华丽走向规整，铭文的发展显然也是如此"①，其时代风貌为承袭与拓展并重。有学者也注意到这一点，"西周金文字体初期承商代遗风，多波磔，利簋、作册令方彝就是典型的代表，其风格伟岸，笔画粗重。西周中期以后，金文笔画粗细若一，排列整齐，布局合理，字之大小随意，风格渐趋多元"②。这其中，字体为何就能变为"粗细若一，排列整齐"，也就是所谓"整饬"的风格，是笔者最为关心的问题。

金文自商代中期开始出现，且具有记号的性质，或是作器者之名，或是纪念先人的称号。③无论是使用族名，还是以天干称呼先人，其文字形态都大多具有符号（sign）的意味，且在这个使用心理作用之下，族徽文字应运而生。④但反映到铜器的字迹上，很多都不是一次书写，甚至也包括所谓波磔体的肥笔。⑤而带有书写性质的文字，需要具有两个条件。1.从字体上说，偏旁成字。2.以"篆引"为代表的书写技法的形成，使得字体线条承担一些功能，视觉上变得整端美观。王帅在整理西周早期金文字体的时候，也注意到偏旁字增多的现象。⑥对此，笔者认为也可

---

① [美]夏含夷著，陈双新译：《西周青铜器铭文》，收入夏含夷主编：《中国古文字学导论》第二章，上海：中西书局，2013年，第57-88页。
② 王辉：《商周金文》，北京：文物出版社，2006年，第9页。
③ 裘锡圭：《古文字概要》，北京：商务印书馆，1988年，第42页。
④ 张懋镕：《早期金文和远古陶器刻绘符号》，收入氏著《古文字与青铜器论集》（第一辑），北京：科学出版社，2002年，第20-23页。
⑤ 丛文俊：《中国书法史·先秦秦代卷》第二章第二节"象形装饰文字"，南京：江苏教育出版社，2009年，第133-134页。
⑥ 王帅：《中国古代青铜器整理与研究·西周金文字体卷》，科学出版社，2018年。

以从书写的角度补充一二。偏旁成字，使得笔顺的问题开始重要起来，单独的图画文字对用笔的先后顺序要求并不强烈，而偏旁字的结体就对笔顺有较高的要求。偏旁引发了符件的构成及作用，单一笔画和整体单字都不能促进书手提高书写水平，只有符件大规模应用，才能够使书手对字形熟悉产生最有效的刺激。字体与书体是两个不同的概念，有同有异；亦需将文字创立的动机与在铜器上铸刻文字的原因分开。

在许多青铜器金文以及书法史的讨论中，我们发现叙述的方式无外乎是对重点代表作品加以论述。利用"精品"作品进行写作的方法当然十分重要，可以快速地展现西周早期金文最本质的特点，但也有无法深及细节等弊病。有鉴于此，我们改变一下方法，利用西周早期铜鼎上的铭文进行研究。采取铜鼎作为样本，有两个理由，一、鼎作为较高品级的器物，具有一定的标杆示范作用。二、西周早期的铜鼎铭文较少，不会刻意求工，更具有自然状态。

通过切片式的方式进入铭文或文本后，我们发现，较早的铜鼎铭文多为双行，在较小的排布空间内，需要解决几个难点，日名、族徽以及"彝"字形复杂的字。我们认为，类似疑鼎[1]、

---

[1] 吴镇烽编著：《商周青铜器铭文暨图像集成》（以下简称《铭图》）1540、1541，上海：上海古籍出版社，2012年，第219-220页。

疑鼎铭文　　　　　　　应公鼎铭文

作父辛鼎[1]、应公鼎[2]、曾侯鼎[3]、滕侯鼎[4]铭、隰伯鼎[5]文是标准形态。疑鼎为族徽、私名，"宝"、"尊"、"彝"三个字体繁难的字俱全。作父辛鼎铭为"作父辛宝尊彝"，双行排布，宝、尊、彝三字俱全。这六个字看似简单，但要做到工整稳妥，并不容易。

日名排布，利用合文可以较好解决，特别是常见的父某形式，利用"父"字左下空间，更容易将二字合体。[6]"彝"字形复杂，常会因字形笔画较多将此字写大，其解决方法就是将"彝"

---

[1]《铭图》1510、1511，第192-193页。
[2]《铭图》1552、1553，第227-228页。
[3]《铭图》1572，第246页。
[4]《铭图》1576，第251页。
[5]《铭图》1592，第266页。
[6] 戈父甲鼎铭，《铭图》755，第二册，第71页。

作父辛鼎铭文 　　　　　戈父甲鼎铭文 　　　　叶家山27号墓曾侯鼎铭文

字放在辞末,为"宝尊彝"或"宝鼎彝",这样"彝"字略大些,也不影响后面字的排布,无伤大雅。出土于叶家山27号墓的曾侯方鼎,器铭为"曾侯乍宝尊彝鼎",在"宝尊彝"后缀"鼎",铭中有"曾""乍"两个字形易于缩小的字,便于调整。这件铜器的时代较早,[①]墓地中较晚铜器上的铭辞有另外的调整方法,如65号与2号墓出土的曾侯谏鼎,铭文则简省为"宝彝",其中一个原因是"谏"作为曾侯私名,字形较大,故有所简省。比曾侯犹晚一代的曾侯谏,[②]虽然简省繁字,但行间解决不好,将"侯"字方向调整,竖撇朝向左方,与"宝"字框形竖线并立[③],不够舒展。反倒不如同地区的鄂侯鼎[④],末行仅排"尊彝"两字,即便是

[①] 任雪莉:《叶家山曾国墓地"分器"现象与墓葬年代另探》,《陕西师范大学学报》(哲学社会科学版)2015年第6期。
[②] 参见张天恩:《试论随州叶家山墓地曾侯墓的年代和序列》,《文物》2016年第10期。
[③]《铭图》1568,第三册,第242页。
[④]《铭图》1565、1566,第三册,第239-240页。

叶家山65号墓　　　鄂侯鼎铭文 　　　立鼎铭文 　　　伯旂鼎铭文
曾侯谏鼎铭文

"矢"字如曾侯谏鼎上的写法，也较为舒朗整饬。

与此同时，族徽开始有消失趋势，产生一个现象就是，鼎铭中族徽较少。而簋等器形上铭文中却仍有不少族徽存留，其形式也是以"插入"的形式在铭辞末字。西周早期鼎铭更为常见的形式，在铭中多省略"宝"字及族徽。多在"尊"或"宝"字中用其一，与"彝"构成器之自名。这样一来，就只出现两个复杂的单字，且独为一行，另外一行则为"作"字加日名，如作父甲鼎、作父乙鼎、竟鼎[1]等。当然，也有其他的解决方法，多是遵循删繁就简的原则，并起到有所规整的效果。西周中期，特别是铸造字形的技术熟练之后，即便是三个复杂的字共同出现，也能很好地安排进不超过3.6厘米的内壁中，见立鼎器铭。[2]此外，还

---

[1]《铭图》1406，第三册，第102页。
[2]《铭图》1409，第三册，第105页。

妇好鼎铭文　　　　　　　妇好鼎铭文

册鼎铭文

亚疑鼎铭文　　　　　　　亚疑鼎铭文

有伯㫋鼎①、庸伯鼎盖②、中皁父鼎③、仲州鼎④、叔伐父鼎⑤等器铭是这种形式。

在商代晚期铜鼎的铭文中，也有解决族徽或复杂私名的尝试。关于族徽的构成方法，张懋镕先生曾有所总结⑥，但讨论主要集中在族徽单体上，较少涉及族徽处于行间的问题。我们发现几件妇好鼎的铭文"妇好"，虽然是一种近乎合文的形态，但"妇"字首部的"帚"符尝试多种位置，或在其上，或在双女形所形成的空间之内。"妇好"两字均各带有女旁，形成一个对称格局，使得变动时更易产生一种"安全"的心态。当然也有例外，其中一件妇好鼎的"妇"铭为单女旁，可以看作是简省状态，⑦去掉其中一个女旁。对称形态多有位置尝试的情形也见于羃册鼎⑧。

在另一种常见的亚字形铭文中，"亚"字的外框也似对构字起到了一定"定位"作用。所谓亚框，刘钊先生认为多为一种装饰性图案⑨，但从空间角度来看，所形的界框很多是一种封闭的状态，很难延伸，遇到字多或字形较大的字，辄需要将字移出亚框

---

①《铭图》1444，第三册，第131页。
②《铭图》1445，第三册，第132页。
③《铭图》1455，第三册，第139页。
④《铭图》1456，第三册，第140页。
⑤《铭图》1463，第三册，第145页。
⑥张懋镕：《试论商周青铜器族徽文字的结构特点》，《古文字研究》第25辑，北京：中华书局，2004年，第225-235页，收入氏著《古文字与青铜器论集》（第二辑），北京：科学出版社，2006年，第7-18页。
⑦《铭图》508，第一册，第399页。
⑧《铭图》603-606，第一册，第474-476页。
⑨刘钊：《古文字构形学》（修订本），福州：福建人民出版社，2011年，第77页。

象祖丁卣铭文

冪父乙鼎铭文

冪鱻父乙鼎铭文

向鼎铭文

子父乙鼎铭文

宁母父丁鼎铭文

宁鼎铭文

宁母鼎铭文

祖庚父丁鼎铭文

之外。①

此外,还可以从另一种形式看出族徽与字排之间的关系,即单行三字,上面为族徽,下为父名。这恐怕这种文字组合的最简单形式。通常情况,三字排为一行,族徽几乎占据两个字的空间,如象祖辛鼎②、戈祖癸鼎③、戈父甲鼎④等等。当然,也不排除例外情况,如族徽较窄长的举字,如𦥑父乙鼎⑤铭中,族徽就单作一行,父名则排在另一行,这就引发另外一个问题,即出现行款。尽管𦥑父乙鼎的铭文也有单行的情况⑥,其解决方案就是将族徽再拉长,鼎及子形各占一字空间、人形占一字空间,父乙以合文的形式占一字空间。族徽加日名,虽然是商代晚期金文常见的形式,但置于一行就意味着将图像性质的文字文本化,而西周早期的向鼎⑦,也带有𦥑族徽,且将其置双行之外,且三部分分离,各占一字的空间,彻底的文本化。

可见,对于族徽的解决之道是占用两个或以上字符空间,而趋近文字字符的族徽,就更好解决,如"乙",仅占一字空间,⑧更接近于文本的意味。族徽作为一种表意的象形符号,基本没有被笔画符码化,但依旧需要"写"出,所以在书写、排布乃至制作中,是一块强有力的试验田。单字如果写(画)大了,可

---

① 如亚疑鼎,见《铭图》562—570,第一册,第445-451页。
②《铭图》748,第二册,第66页。
③《铭图》750,第二册,第67页。
④《铭图》756,第二册,第72页。
⑤《铭图》760-763,第二册,第76-79页。
⑥《铭图》764,第二册,第79页。
⑦《铭图》1524,第三册,第204页。
⑧ 子父乙鼎,《铭图》776,第二册,第88页。

以另行排布"字"外，也无伤大雅。此外，还能在整体布局上做出一些实验。这些，我们大可以举出更多的例子，但不是我们讨论的重点。我们关心的是，进行抽象之后的字是如何安排字距行间的。宁母父丁鼎的铭文是比较具有代表性的一例①。"宁"字的宝盖头控制失当，占用两行，其下就按两行排布。"母"字居右边一行，"父丁"则于左侧一行。"父丁"以合文的形式，几乎与"母"字等大，唯"父"字的中竖有所变化，笔势也欲借用"宁"字左下的空隙处。这样一来，在四个字的铭文中，处理了字距、行间的双重关系。更有甚者，如宁鼎②，宝盖的字形直接将下面的族徽与"乍"字"框"住。但这件圆鼎三柱足略内收、腹壁较直，其时代较晚，在西周中期偏早，③多半是因为地区的关系，铸铭技术发展较慢所致。从"乍"字出现90°顺转的反常现象，也可见一斑。而在西周早期的宁母鼎的铭文中④，"宁"的书写得到很好的控制，很大程度上缩进单行之中。亳鼎⑤的铭文也出现类似宁母父丁鼎的情况。

此种排布，很有可能源自商代晚期铜器中的双日名的铭文。这种形式一般为上端居中为族徽，下为两行，日名左右各一，如

---

① 《铭图》1163，第二册，第293页。
② 《铭图》1537，第三册，第217页。
③ 任喜来、呼林贵：《韩城市博物馆收藏的几件青铜器》，《文博》1991年第2期。当年因为铜锈尚未清理干净，字口不清，将"宀"认为外框，且族徽也有误释。
④ 《铭图》1391，第三册，第87页。
⑤ 《铭图》1811，第三册，第473页。

嚣兄戌父癸鼎铭文 　　　陵鼎铭文 　　　王作仲姜宝鼎铭文

攸鼎铭文 　　　员鼎铭文

盠祖庚父辛鼎[1]、木祖辛父丙鼎[2]、般鼎[3]。当出现竖向而非横向的族徽，如🅰️，尽管也有双日名的形式，甚至有排入竖向的可能，像🅰️兄戊父癸鼎[4]，"父癸"占一行，"🅰️"、"兄"、"戊"三字几乎为一行。其解决方法为，"父"拉长竖向的笔道，基本与🅰️字等长，癸字则略大，且与父字有所分离。于此同时，兄戊则为合文。而受日名系统影响不深的铜器，铭文则出现了日名断行的现象，杀鼎铭中的"父戊"各为一行，呈现文本化的一面。陵鼎[5]的铭文也是如此。

必须说明的是，金文的发展有着一定的不均衡性，不能完全以时代更替为界，受等级、地域以及写手工匠的影响也很大，周王作器的铭文就显得整饬有力，如王作仲姜鼎[6]。而攸鼎[7]，是一件西周中期的器物，铭文松散许多，整饬的力度较差，"攸"字左右分开程度较甚，几成两字，最为显眼的是带有"车"符的"旅"字，字形变长，使得后面的"鼎"字没有空间，只能挤着写到旁边。这件鼎的铭文字长度为7.2厘米[8]，基本能在铜鼎内壁非常恰当地安排下来。若将"鼎"字排成单行，依照现有各字的

---

[1]《殷周金文集成》1996，《铭图》1354，第三册，第56页。
[2]《殷周金文集成》1997，《铭图》1355，第三册，第57页。《铭图》将盠祖庚父辛鼎误植此鼎铭。
[3]《铭图》1517，第三册，第197页。
[4]《铭图》1375，第三册，第73页。
[5]《铭图》1526，第三册，第206页。
[6]《殷周金文集成》2191。
[7]《铭图》1287，第三册，第3页。
[8]参见河北省文物管理处：《河北省元氏县西张村的西周遗址和墓葬》，《考古》1979年第1期。

伯雍倗鼎铭文　　　　　　　楷仲鼎铭文

高度大致估算一下为9.6厘米，从现有字的高度来看，整篇铭文则在腹深10厘米的内壁中排不下。员鼎也应该是这种情况。①更为甚者，斿鼎②、伯雍倗鼎③的铭文为三行排布，多为器体矮胖的原因。斿鼎通高20.1厘米，伯雍倗鼎则更矮些，为14.6厘米。伯雍倗鼎铭，前面两行均各有一个笔画少的字，"伯"、"小"，使得该行其他的繁字借用了一些空间，而多出一行安排了"鼎"的孳乳字与一个族徽。所以，整篇看似较为合理，但深入观察到行间，则又显得不够整饬。

当族徽、日名现象在西周中期逐渐消亡之后，铜器文字的整饬上也消除许多障碍，从另一方面来说，在西周早期，正因为这

---

① 中国社会科学院考古研究所、北京市文物工作队、琉璃河考古队：《1981-1983年琉璃河西周燕国墓地发掘简报》，《考古》1984年第5期；《铭图》1309，第三册，第21页。
② 《铭图》1809，第三册，第472页。
③ 《铭图》1782，第三册，第447页。

些图像性质的铭文存在，使铭文制作进行强化训练，并形成许多解决方法，并影响到以后的铭文书写及其制作中，如西周早期晚段至中期早段常见"某公作旅鼎"的辞例中，因为"旅"字的初形有车符，故"旅鼎"多为一行，如楷仲鼎①。后期"旅"字简省车符，"旅鼎"仍为一行，但两字之间空隙增大，照顾行间的整饬。有应公鼎、许季鼎、考匋鼎②、童姜鼎③、闗伯鼎④、牧伯鼎⑤等。甚至为了美观，在单字书写能力较差的情况下，不惜有简省器名之举。孔鼎⑥铭文中的"旅"字比较繁复，"车"符更为象形的初文，有车轮的表示，且间隙较大，于是将器铭作"鼎"或"彝"的简省。值得注意的是，此铭也是将日名"父癸"分行处理。

西周中期之后，金文的书写性有所减弱，这也就是有些学者看到的去笔墨化，制作性转而变强。对铭文字体及制作痕迹来说，出现了"打磨"或"快状"⑦的形式，可视作为制作发展趋势的迹象。⑧书写性的降低，使得背后的书手不再重要，从而造成铭文之间的差异性变大，不仅有着地区差异，在同人同铭的金文

---

①《铭图》1450、1451，第三册，第135-136页。
②《铭图》1438，第三册，第128页。
③《铭图》1439，第三册，第128页。
④《铭图》1446、1447，第三册，第133-134页。
⑤《铭图》1448，第三册，第134页。
⑥《铭图》1417，第三册，第112页。
⑦参见万瑞杰：《殷周金文书法的修饰美——兼论殷周金文书法的研究方法》，《大连大学学报》2011年第1期。
⑧关于铭文制作，参见陈初生：《殷周青铜器铭文制作方法评议》，《暨南学报》（哲学社会科学版）1998年第1期。

中也出现了相当的书体差异。①从社会需要来说,铜器铭文字数越来越多,越来越需要文本化,其中可能存在谱牒性质的叙事,②但越来越多的字数使得人们无暇顾及书写的艺术,转而将注意力放在如何将其排布得的更为整齐、耐看。耐看则是能够阅读的先决条件。③当掌握一些整饬的方法并初步实践之后,多字的金文越来越普及,也越来越呈现出整齐的文本化,并开始出现不以书写能力为基础的转向,这也是当初将金文"写"整齐的人们所始料未及的。

---

① 张懋镕:《同人同铭金文字形书体的差异性研究》,《古文字研究》第31辑,北京:中华书局,2016年,收入氏著《古文字与青铜器论集》(第五辑),北京:科学出版社,2016年,第3-14页。
② 俞林波:《上古金文谱牒及其叙事艺术》,《中南民族大学学报》(人文社会科学版)2016年第6期。
③ 关于铭文阅读的讨论参见[美]巫鸿著,李清泉、郑岩等译:《中国古代艺术与建筑的"纪念碑"性》,上海:上海人民出版社,2017年,第119页。

艺术史观察

跽、坐与"负重"

在商周铜器中,常会见到带有跽、坐人物形象的铜器,也是商周时期较为常见的一种造型形态。1963年初在扶风县法门公社齐家村出土的它盘,圈足下充以四小足的人像更是这种所谓跽、坐铜像的代表,其特殊之处是还专门制作成刖人形象。

关于它盘的认识,且先看《中国青铜器全集》(以下简称《全集》)中的说明,"附耳平缘,圈足之下有四个受过刖刑的裸体男子作小足。刖人跽坐,腿屈于臀下,双手扶膝,肩负重盘……"[①]。我们单从说明的文本分析就会发现一些问题,如"受过刖刑"、"跽坐"、"肩负重盘"这三个词语是否存在有互相矛盾的地方。受过刖刑的人,可否还能实现跽、坐姿势,进而再肩负重盘呢?

跽、坐是古时人们的两种坐姿,动作可以互相转换,故常混

---

① 中国青铜器全集编辑委员会编:《中国青铜器全集5·西周1》二〇〇,北京:文物出版社,1996年,第58页。

称，多发生于高腿坐、卧具之前的时期。这两种起居姿势在商周时代尤常使用，并见于同期的玉铜等物品之上，亦即这些玉铜等材质的跽、坐人物形象是当时物质文化史的最明显表征。关于跽、坐的姿势及其差别，学界已有不少文章进行讨论。[①] 总体说来，坐是"即以两小腿及两脚承受全身重量，膝向前，脽在脚上"[②]，而跽则类同今天的跪姿，两膝则要承担体重。跽坐的区别，我们同意杨泓先生的说法，"古人生活中坐、跪、跽有别，某些情况下'坐'可涵跪姿，但跪不能通坐。至于'坐'和'跽'决不能互通，也是截然不同的两种姿势"[③]。无论跽、坐是否有别，这两种姿势，膝盖及小腿乃至脚趾是身体自身的承重的部位[④]，因此受过刖刑之人是能否具备跽、坐之姿，或进而承担"负重"都是值得考虑的。[⑤] 刊于《全集》同册的一篇论述文章也如是写道，"盘的形制，除继承中期式样以外，还有圈足下加上三四个附足

[①] 李济：《跪坐蹲居与箕踞——殷墟石刻研究之一》，《历史语言研究所集刊》，第24本，1953年，后收入《李济文集》卷四，上海：上海人民出版社，2006年，第483–502页；杨泓：《说坐、跽和跂坐》，杨泓、孙机：《寻常的精致》，沈阳：辽宁教育出版，1996年，第3–7页；林沄：《古人的坐姿与坐具》，《中国典籍与文化》1993年第1期；汪少华：《古人的坐姿与座次》，《南昌大学学报》（人社版），第30卷第3期，1999年。
[②] 李济：《跪坐蹲居与箕踞——殷墟石刻研究之一》（1953年），《李济文集》卷四，上海：上海人民出版社，2006年，第483页。
[③] 杨泓：《说坐、跽和跂坐》，《寻常的精致》，第3–7页。因为铜器的形象过于细小，加之观察材料的条件有限，我们虽然认可杨说，但在本文的表述上，则用"跽、坐"连称。
[④] 此亦有体质人类学的相关证据，具体请参阅原海兵：《殷墟中小墓人骨的综合研究》第三章"殷墟中小墓古代居民的肢骨研究"，吉林大学博士学位论文，2010年。
[⑤] 王文昶：《从西周铜鬲上刖刑守门奴隶看"克己复礼"的反动本质》，《文物》1974年第4期。

它盘

的,一般为兽面扁足,也有人负荷形,如它盘的四足就是四个踞坐裸体刖人"①。《全集》所引论的这个说法,是来自更早的《陕西出土商周青铜器》中它盘的说明,现原文照录。"平沿,双附耳,圈足下有四个受过刖刑的裸体男子作小足,人作跪坐式,腿屈臀下,双手扶膝,肩负重盘"②。然而如何受到刖刑的细节并未有图像显示,亦未提供具体详细的文字说明。

检视最原初的发掘简报,并没有"刖人"的字眼,其描述文字如下,"平唇,浅腹,圈足下有四个跪状的裸体男子,作肩负

---

① 吴镇烽:《岐周、宗周和成周地区青铜器概述》,《中国青铜器全集5·西周1》,第16页。
② 陕西省考古研究所、陕西省文物管理委员会、陕西省博物馆编:《陕西青铜器(二)》一二四,北京:文物出版社,1980年,"附录"第17页。

器状。盘腹及双耳俱饰重环纹"①。稍晚发表于《文物》月刊上的简讯也未曾有"刖人"的说法,"一件盘现存该县文化馆,带足高14.5厘米,口径41厘米,腹饰重环纹,双耳附于腹,向上高出口缘,圈足饰斜角夔纹。特异者:圈足下设四足,为男性裸体像,人作坐式,臀垫于足上,双手扶膝,肩承于圈足下缘,首窍全俱"②。可见,作为它盘的最早的发现及整理者都没有认定圈足下的人像为刖人,且不同程度认为铜人承担了肩负器重的视觉功能,同时也注意到人像是双手扶膝,俨如坐姿。更有意思的是,作为发掘整理者之一的梁星彭,后来在利用它盘材料抨击所谓奴隶制的文章中,③也未有刖人的说法,显然他没有发现它盘圈足下的跽、坐人像是受过刖刑的。如果认定为刖人,那么更能显出"奴隶制"的残暴,抨击的力度也就会更为大些。而梁文中并没有这样的说法,只是用它盘足下奴隶负重来说明主旨,显然他本人没有观察到人像是受过刖刑的。四年之后,在编写《陕西出

它盘

---

① 梁星彭、冯孝堂:《陕西长安、扶风出土西周铜器》,《考古》1963年第8期。
② 雒忠如:《扶风县又出土了周代铜器》,《文物》1963年第9期。
③ 梁星彭:《以它盘看孔丘"复礼"的反动本质》,《考古》1976年第4期。

土商周青铜器》的时候,关于"它盘"条目下,则出现了"刖人"的说法。而后,它盘足部人像为刖人的说法开始通行,进而有学者利用它盘材料讨论西周时期的刖刑[1],其中论言如下,"其中有一件'它盘',通高14.1厘米、口径40.4厘米、腹深6.8厘米。平沿,双附耳,腹及耳面饰重环纹,圈足施以斜角夔纹,内底铸一'它'字。值得一提的是其圈足下的四足,是四个受过刖刑的裸体男子,人作跪坐式,腿屈臀下,双手扶膝,肩负重盘,无疑是刖人负重的形象"。细读陈文,我们就会发现一个小小的不算是错误的纰漏,他在说"受过刖刑"云云的时候,给出一个注释,即是梁星彭等人的原始简报,而如前揭梁文并未做刖人如是说。故陈安利所持之论如不是凭空而来、而属于自己创见的话,应该笔下有所解说,可他则把笔墨花在调停刖人与负重的关系上,"刖人并非全都去守门,受刖刑的人多了,也没有那么多的门让守,刖人照样干负重一类的重体力活。即使守门的别人,还有驱赶禽兽的任务,与其说是对刖人的照顾,毋宁说是一种惩罚"。可见他虽然注意到刖人形象,但将其与守门以及负重之间的关系过于混淆,有夹缠不清之嫌。如前揭所言,《中国青铜器全集》可谓较早发表它盘彩色照片的图录。同年,李西兴在编选《陕西青铜器》的时候也算是较早地公布它盘彩照,亦沿用刖人形象的说明,"平沿,双附耳,圈足下有四个受过刖刑的跪坐裸体男子,双手扶膝,肩负重盘。腹部及耳面饰重环纹,圈足饰斜角夔纹"[2],尽管它盘的彩色照片质量不如《中国青铜器全集》,

---

[1] 陈安利:《考古资料所反映的商周刖刑》,《文博》1985年第6期。
[2] 李西兴主编:《陕西青铜器》,西安:陕西人民美术出版社,1994年,第379页。

但《陕西青铜器》的照片视角更低,更利于器物底部的观察,另有刖人形象的局部照片。从这些细节之处,我们不难看出,在器底及人像之上,还有未清理干净的土锈,可能也是发现者未有"刖人"之见的缘故。关于青铜器的认识是随着器物清理而深入的,这在更需要细节提示的图像及其造型上,尤为突出。然而从上述图片上,我们还是未看出有怎样的刖刑痕迹,当然文字也没有更为深入的说明。对于读者,因为文字叙述的抵牾之处也多少产生疑窦。故我们不能仅凭着"受到刖刑"等语,就认定为刖人,一定眼见到"刖人"图像才能认定其实。从我们能阅读到的图录、照片等公开出版物而言,只是能够观察到:该人像的左膝掉了一块。这应当是铜器之损失所致。换句话说,这件它盘的文字说明与图像展示出现了一定的错位。

这件藏于陕西历史博物馆的铜器,作为本馆研究者应有条件仔细观察,然在近年最新出的相关图录中也在一定程度上承袭前说,"圈足下的四足,为受过刖刑的裸体男子形象。男子跪坐式,腿屈于臀下,双手扶膝,肩负重盘。……这种以四个受过刖刑裸体男子作为器足的器物,在西周晚期的铜器中时有所见。重要的如扶风庄白西周窖藏出土的刖人守门鬲,山西闻喜出土的刖人守囿挽车"①。不过,图录却公布了更为具体的器物照片,特别是刖人正面形象的细节,经判别,与《陕西青铜器》所见的铜人并非是同一人。而图录中"庄白窖藏刖人守门鬲"的说法亦有失误,扶

---

① 冀东山主编:《神韵与辉煌——陕西历史博物馆国宝鉴赏·青铜器卷》,西安:三秦出版社,2006年,第164页。

凤庄白窖藏所出的乃是一件方鼎[1]，并非是鬲。这件刖人守门方鼎和山西闻喜刖人守囿挽车，所出现的人像应该是受到不同于它盘的另一种处罚措施的刖人。我们认为，刖人守门方鼎与刖人守囿挽车当为带有刖人形象的标准器。而《神韵与辉煌·青铜器卷》的图录文字却对刖人的解说也出现了一定程度的误读。"刖刑是古代五刑之一，……施刑之后的'刖者'多被用于守门或看守园囿，也有用于挽车"[2]一句，是对山西闻喜刖人守囿挽车上刖人形象的说明，但会让人误解刖人是被充以挽车之意。闻喜刖人守囿挽车上的刖人尽管是出现在"挽车"铜器上，但刖人本身还是以守园囿之门的形象出现，并不是被用于充以挽车之役。

由此看来，它盘上刖人的说法固然无错，也逐渐通行于青铜器研究界内，但并未体现在公布的图像数据上，换言之，亦即我们在之前关于它盘的几乎所有照片图录上亦看不出有刖人的形象。这种情况直到《周原青铜器》的出版才被纠正过来。《周原青铜器》图录的文字部分相对简略，"平沿外折，浅腹，圈足下四跪姿负盘人形小足，附耳高出盘口。口沿与圈足饰重环纹，四小足为受过刖刑的裸体男子形象，双手扶膝，肩负重盘。盘底有十字形条带强筋线。内底铸铭1字"[3]。在曹玮先生早年的文章中，对它盘这样人像亦是采取比较审慎的说法，"圈足下饰四个跪

---

[1]《中国青铜器全集5·西周1》一三，第12页，可能是因原始简报误做"方鬲"（陕西周原考古队：《陕西扶风凤庄白一号西周青铜器窖藏发掘简报》，《文物》1978年第3期）所致，但铜器中鬲器尚无方形，此器仍按学界的通识乃为鼎属。
[2] 冀东山主编：《神韵与辉煌——陕西历史博物馆国宝鉴赏·青铜器卷》，西安：三秦出版社，2006年，第164页。
[3] 曹玮主编：《周原青铜器》第二册，成都：巴蜀书社，2006年，第263页。

坐式、断足裸体男子作为小足"①。曹玮先生的这一描述是基于考古学的严谨与审慎，可惜作为单件器物的说明亦被淹没于大容量的周原铜器的分型定式之中，这一关键点"断足"该如何理解，是残断之断，还是截断之断，在图像上没有更好地展现说明。回到《周原出土青铜器》

刖人守门方鼎

上，文字上虽没有具体说明，当然图录性质的说明对字数有言简意赅的要求，然借助照片以及线图，首次体现出刖刑的细节。端详照片，刖人腿部细节因为位

刖人守囿挽车 　　　　　刖人守囿挽车（局部）

---

① 曹玮：《周原西周铜器的分期》，《考古学研究》（二），北京：北京大学出版社，1994年，第144—165页，又收入氏著《周原遗址与西周铜器研究》，北京：科学出版社，2004年。

置及布光的原因,暗部细节不够明显,似乎从大致轮廓看出一些端倪,更多的受刖刑之细节则交由线图来体现。这是首次对它盘及刖人进行绘制,不仅有铜盘的侧面图像,更为难得的是还有底部的绘制。从底部的线图,我们就可清晰无误地观察到,它盘圈足下的四个人像是左脚被砍(或锯)的形象,意即此四人受到刖刑具体惩罚是砍(锯)掉。[①]需要指出的是,在陕西历史博物馆当前的陈列中,展示牌已经明确说明这一情况,"此盘圈足为四个左足被砍、肩负重盘的裸体男子形象"。

我们之所以花费笔墨来讨论这个细小问题,主要在于它盘刖人形象开始进入到研究者、读者视觉世界内是一个比较微妙的事件,是一个逐渐深入的过程,当图像不够齐备的时候,多少在文字叙述中存在一些人云亦云的情况,甚至还发生不同程度的误读。至此,我们对于它盘刖人形象的细读,似乎能够结束了。然而,必须考虑的是,在以它盘刖人的个案中,历史学者或以青铜器研究为主的考古学者有将刖人与"负重"加以联系的趋势。于是,就形成一个"刖人负重"这个复合性母题。这种复合性母题是否能够成立,亦换言之,受过刖刑的人们(很有可能是奴隶)是否承担了"跪立承重"这个现实任务,还是只是个在铜器上的一个构件或符号,让研究者产生了视觉误解。

在解释这一问题之前,我们首先要讨论受过刖刑的人能否跪、坐的问题。胡厚宣先生认为,"五刑之中,所谓刖刑,乃是

[①] 笔者在2002年至2005年期间参与《周原出土青铜器》的资料整理工作,它盘可能没有得以过目,但对绘图照相情况亦有所了解。作为线图的绘者,是出自李夏廷或董红卫两位其中之一,是符合考古绘图的如实绘制,左脚砍去细节也应是可以相信的。

它盘侧面线图

它盘底面线图

一种仅次于杀刑的肉刑。把一个人活活锯下一条腿来,其残忍可知"①。那么,受过这样刑罚的人,还能不能实施跽、坐之姿呢?这是需要进一步分析的。有学者认为刖刑是有截腿、砍足两种不同的施刑措施的,"从古文献、甲骨文以及墓葬中的现象,各家的解释虽不完全统一,但归纳起来对刖刑的看法,共两种:一种是刖刑即断足也;另一种认为刖刑是截去或断去人的一条腿,也就是说,无论是断足或截腿都可以称之为刖刑"②。从考古发现的实例也可看出,刖刑是极其残酷的,甚至要从胯骨上完全卸掉一条腿。虽然西周时期,较之殷商,刖刑之残略有缓解,但还是不忍触目,"从这件青铜器上所发现的刖刑看,和目前所发现的商文化相比较,是有所区别的。因为从安阳后岗、藁城台西所获的资料,都是刖双足(或腿),尤其是台西TB二号刖刑人架。同时还刖去了双臂的下半截,西周晚期仅见刖去一条腿的下

---

① 胡厚宣:《殷代的刖刑》,《考古》1973年第2期。
② 唐云明:《试论商、西周时期的刖刑》,《文物春秋》1989年第4期。

半截"①。

我们不过多纠缠两种措施究竟是否属于刖刑,也并不用此说来反对断足非刖刑,而是基于人类体质学上提出一个思考,即考虑刖人体质,能否完成这样的姿态。因为就一般人来说,长时的跽、坐势必会影响到人的体质及骨骼的,"考虑到殷墟商代居民中存在的普遍足骨跪踞面畸形现象,结合人体运动规律,这种跪踞面形成的原因应与长期的反复下跪活动抑或是长期的跪坐姿势支撑全身有一定关系"②。跽、坐姿势对人骨骼的磨损使正常人在姿势的选择中会有不同程度的"投机取巧"情况,亦如李济先生所说,"人的身体皆好逸恶劳。坐具发明以前,就人的身体构造说,蹲居比箕踞吃力,跪坐比蹲居吃力。在比较素朴的文化中,箕踞与蹲居都是极普遍的;故原始民族的体骨,在胫腓与距骨的关节,大半留有'蹲面'的痕迹(squatting facets),证明这一姿态普遍的存在,并仍留传在没有椅凳的现代农村社会。若认蹲居为不敬,箕踞为大不敬,这只是文明兴起后甚晚的观念;等到椅凳流行,经师们'高坐'论道,文、野的分别更为显然,愈说得津津有味了"③。而"蹲居比箕踞吃力,跪坐比蹲居吃力"④的观点在体质人类学中也得到了一些证明,"我们认为标本 372 的足

---

① 唐云明:《试论商、西周时期的刖刑》,《文物春秋》1989年第4期。
② 原海兵:《殷墟中小墓人骨的综合研究》第三章"殷墟中小墓古代居民的肢骨研究",吉林大学博士学位论文,2010年。
③ 李济:《跪坐蹲居与箕踞——殷墟石刻研究之一》(1953年),《历史语言研究所集刊》,第24本,1953年,后收入《李济文集》卷四,上海:上海人民出版社,2006年,第483-502页。
④ 李济:《跪坐蹲居与箕踞——殷墟石刻研究之一》,《历史语言研究所集刊》,第24本,1953年,后收入《李济文集》卷四,上海:上海人民出版社,2006年,第492页。

部描述，身体在采用'坐'姿时会对足部跖骨造成很大压力，基本符合发生严重程度跪踞面的可能，即脚趾前部在前"①。那刖人受刑之后，对身体支撑必有欠缺，对跽、坐之姿多少有所影响。有些学者结合文献，认为刖人能跪，如胡厚宣先生"如前所举，《韩非子》记齐有门者刖跪。《晏子春秋》记打击齐景公马的刖跪，也是守门的刖人"②。我们再进一步检视文献，《晏子春秋》这条的原文如下：

> 景公正昼，披发，乘六马，御妇人以出正闱，刖跪击其马而反之，曰："尔非吾君也。"③

而跪的解释，吴则虞有注，"孙星衍云：'跪，足也'。荀子《劝学篇》：'蟹六跪而二螯。'《说文》'跪'字作'足'，刖足者使守门是也"。看来，将"跪"字训为足意，是为了表现刖人逶迤行走之姿。胡厚宣先生则认为刖者的境遇十分悲惨，"关于刖者的待遇，一般是把他们这种'残兀之人'或'刑残之人'，看作下贱的奴隶，他们也有本来就是奴隶的。因为只剩下一条腿，不方便走路，所以就常常用他们来看门"④，未免有穿凿附会之嫌。尽管近年徐昭峰对这一情况又做了更为细致的分析，认为"并不

---

① 原海兵：《殷墟中小墓人骨的综合研究》第四章第一节"足骨跪立面的统计与分析"，吉林大学博士学位论文，2010年。
② 胡厚宣：《殷代的刖刑》，《考古》1973年第2期。
③ 吴则虞撰：《晏子春秋集释·内篇杂上第十五》"景公惭刖跪之辱不朝晏子称直请赏之"条，北京：中华书局，1962年，第315-318页。
④ 胡厚宣：《殷代的刖刑》，《考古》1973年第2期。

是所有的刖者都被罚作守门。这有几种可能：其一，刖刑后赎买而不用罚奴隶守门。《尚书大传》：'夏后氏不杀不刑，死罪罚两千馔。'是说犯罪之人可以拿钱赎罪。其二，罪行并不太重，仅罚之刖刑，如上述鲁国的王骀、鲁施氏邻人孟氏之子等。其三，罪行重，刖刑后又无钱赎罪被罚为奴隶守门，或者本身就是奴隶或俘虏，受刖刑后守门。为什么受刖刑后被罚守门，当是因为他们仅剩一足，不方便从事其他生产之故"[①]。总之，刖人不良于行与逶迤守门多少存在着一些顺承关系，徐昭峰也承认守门之役是因为照顾到刖人的特殊性。

我们认为，截取单腿的刖人恐怕不能够顺利地完成跽、坐之姿，受到这样刑法的人亦不免有逶迤姿态的举止，充以阍人也常作单足跛行等不良于行的形象。这在周原所出的刖人守门方形温鼎上亦可见其图像。而被截取单脚的刖人虽有跽、坐的形态，在它盘的人像中也得到证明，也与截取单脚的刑罚不重有关。结痂后的陈旧伤恐无碍于跽、坐一般姿态，但欲负重恐怕却有所困难。故此从现实的层面上讲，刖人与"负重"不具有天然且直接的联系。因为从体质人类学看，普遍的跪坐姿势也给人的下肢带来了很大自重压力，"殷墟中小墓居民在生产、生活的各种行为中对脊柱各关节产生的机械性压力最大，上肢的压力次之，而下肢的活动压力相对较少。所以，我们认为殷墟中小墓居民除了在生活中普遍流行跪坐姿势活动以外，其生产活动可能也更多的是在跪坐姿势下进行的。所以才造成人们脊柱各关节的普遍劳损，而以跪坐姿势从事较多的上肢劳动，相对减轻了对下肢骨骼的压

---

① 徐昭峰：《刖刑相关问题探析》，《中国国家博物馆刊》2012年第1期。

力,才造成这种DJD出现率的差异"①。这样,也就引申出一个问题,铜器的跽、坐人物形象(也包括刖人)是否与现实"负重"情况符合。

我们注意到,这样的人物形象往往是设置在器物的底部,且多承担器物足部的实际功能。这样一来,这种人像除负担自身体重外,亦形成了一个命题或是图像母题,即承担着器物的重量。然而,后一种情况多半存乎于观念之中,尽管这种观念也能够影响到这一形象的制作与设计,但人物形象本身并不以"负重"为功能。因为在青铜礼器铸制中,常常选择一种人形或兽畜形作为器物重量的支撑。承担器物的人或兽畜,有时本身即化为整个器形的腿足或支架。这种"人兽负器"的造型,给我们传达了一种"受压"、"负压"或"困拘"生命状态的艺术观感,是值得我们展开审美思考的。②而对于这个"负重"的造型母题,有学者有过一些思考,"上述神器压负人身或兽体的艺术设计,不能简单地理解为一种细节化的构思方式或者巧妙的艺术处理。它是包含着原始宗教观念的一种母题性体现。具体来说,它与上古社会一直传承流衍的镇压、埋压以及对"神器"供牲血祭等巫术内涵是牵扯在一起的。这其间的层面、交错互倚,相当复杂"③。这样的论说多少是停留在艺术空间的设计方面,对青铜器本身的研究微乎其微。我们必须承认,这个问题具有相当大的复杂性。这种负压

---

① 原海兵:《殷墟中小墓人骨的综合研究》第三章"殷墟中小墓古代居民的肢骨研究",吉林大学博士学位论文,2010年。
② 参见王政:《战国前考古学文化谱系与类型的艺术美学研究》,合肥:安徽大学出版社,2006年,第322页。
③ 王政:《战国前考古学文化谱系与类型的艺术美学研究》,第323页。

感是否具有压服的意味,还需要进一步讨论。也许如有的学者所言,"从商人墓葬所见人殉、人祭多为制服之人,俯首屈肢,与前文所揭示的玉、石人形象当皆是制服状态的人,这样方能易于祖先神之驱使","商人除祭祀事神外,还要生产生活,战争俘获之人与邦方进献之人,不可能全部用于祭祀,也有部分经过驯服而使之从事各种杂役,为商人生产生活服务。及就有了征服、驯服、服事诸动词义项。跪伏自然是衷心的恐惧与绝对的服从的表现,在跪伏的状态中表示了绝对的服从,就可以抬起头来听候命令,接受差遣"[①]。我们认为,对这种相关人像作以历史学的解释,是相当必要的;但首先应在相对"中间层次"对图像本位的研究。

关于器物下部为人像(包括跽、坐之属)的出现及使用,是我们需要考察的问题,特别是其使用尤为重要,可能代表着器作传统的流变,以至于潜移默化地影响至当时人的思维之中。如1978年安阳孝民屯南部的1573号墓出土的父乙鼎[②],其三足虽类同于同时期常见的扁足状,但龙形浮雕形象鲜明,线条准确,已呈现欲作为动物形状来支撑器物的设计意图。妇好墓所出的妇好鼎[③]就更为鲜明地表现出以动物形体来承重的意味,三只勾喙的鸟虽脱胎于扁足之形,但更为形象,形体也更为独立[④],与此相较,妇好方鼎的四扁足还在寻常框式内。这一时期的器足,可谓

[①] 张利军:《补释甲骨文**字——兼论商代存在的"服"制》,《殷都学刊》2008年第2期。
[②] 中国青铜器全集编辑委员会编:《中国青铜器全集2·商2》五五,北京:文物出版社,1997年,第56页。
[③]《中国青铜器全集2·商2》五三,第54页。
[④] 此"独立"意指鸟形渐从扁足的形状框式中独立出来。

是寓形象于形状之内，略近乎于鸮尊之类的器物。而真正具有人形承重意味的图像则在美国弗利尔博物馆所藏的一件鸟兽觥上①。它的足部是人首蛇身，尽管这只是作为足部的装饰纹饰存在，还不具备人像承重的功能，但仍然能够看到纹饰与形式的合流之势。更有意思的是，觥錾是做兽首衔立鸟的形式，而鸟足垂地，表达着"承重"扳部的意味。而班簋②的四鋬下象鼻抵地的设计虽不完全在我们讨论的范围内，但撑地象鼻之形无可否认地再一次加强这种"承重"观念。在这个思路下，我们认为龙纹簋③的圈足下的三蹄状兽足，琉璃河209号墓所出伯簋④及曲沃曲村723号墓⑤所出伯簋的象鼻抵地撑器等一系列相关器物使得承重人像呼之欲出。

我们大略收集了部分器物底部为人像的铜器，简列如下：

1. 山东省滕州市后荆山沟出土的变形兽面纹盘⑥，高18.5厘米、口径36.7厘米，"圈足附裸体人形足"。

2. 山东省曲阜鲁国故城望父台墓地48号墓出土的鲁司徒仲齐盘⑦，高10.3厘米、口径38.6厘米，"圈足下饰人形足，裸体蹲踞作背负状"。

---

① 中国青铜器全集编辑委员会编：《中国青铜器全集4·商4》八三，北京：文物出版社，1997年，第81页。
②《中国青铜器全集5·西周1》五八，第55页。
③《中国青铜器全集5·西周1》五六，第53页。
④《中国青铜器全集6·西周2》一五，第15页。
⑤《中国青铜器全集6·西周2》四一，第41页。
⑥《中国青铜器全集6·西周2》八〇，第78页。
⑦《中国青铜器全集6·西周2》七二，第70页。

父乙鼎 　　　　　　　　妇好鼎

3.山西省曲沃北赵村晋侯墓地63号出土的人形足攀龙盒①,高9.3厘米、长19.2厘米,"较长两面下部,均附两人形足,裸体跪姿做背负状"。

4.山西省曲沃北赵1号墓出土的晋侯盨②,高22.2厘米、口纵20厘米、口横26.7厘米,"四足做蹲式人形,手臂上举五指甚长,以手托头顶负起盨身,四人形均为巨目、高鼻、阔嘴。唇上有数个阴刻圆点以示胡须,足蹬厚底翘头靴"。

5.山西省曲沃北赵晋侯墓地63号墓出土的杨姞方座桶形器③,高23.1厘米、桶径9.1厘米,"四面各附一人形足,两两对称,裸体屈膝作背负状"。

6.陕西省宝鸡茹家庄出土的鱼形尊④,高15厘米、长28厘

---

① 《中国青铜器全集6·西周2》五八、五九、六〇、六一,第57–59页。
② 《中国青铜器全集6·西周2》四六,第45页。
③ 《中国青铜器全集6·西周2》五二,第51页。
④ 《中国青铜器全集6·西周2》一五二,第148页。

鸟兽纹觥　　　　　　　　　　龙纹簋

米，鱼下置四足，"四足为双手捧腹，屈膝呈背负状的人形，造型生动"。

经过检视这些器物下的人像，我们可以发现一些细微之处：一、器物底部的人像不是受过刖刑的形象；二、人像多有承担器物重量的视觉功能，"屈膝"、"背负"等的造型明显；三、除晋侯盨、茹家庄鱼形尊无法确切外，人像多做裸体。特别是北赵村晋侯墓地63号墓所出土的人形足攀龙盒。经过辨识，我们发现有两种不同的人物形象，一种为蹲踞，另外一种则为跽、坐样式的姿态。这样也就不自觉地形成两种趋异的观感，即抬升、静止与负重、压力。为此，我们对它盘底部刖人铜像应该有所新的认识：盘底充以足部的刖人应该是偶然的一例，或许是受到刖人守门温鼎造型的启发，但做以足部并不能说明刖人受到在充以负重的继续刑罚，或者没有明显的直接性。相反，在刖人守门温鼎上，除刖人之外，还有看似怪兽的形象来做四足，怪兽亦作肩负重物之态。显然，这件温鼎的"负重"功能（如果真有的话）并不由刖

179

伯簋　　　　　　　　　　　　伯簋

人完成。而同样型式的温鼎，陕西宝鸡茹家庄也出土过一件①。这件温鼎上面也出现了刖人形象，但器物足部则是平平如常，仅做出四个短足。它盘与我们所谈到的第一件刖人守门鼎共同出土于陕西扶风庄白一号窖藏，虽然不属于同组器物，但一个家族的器作传统会有相互的影响，这两件器物的制作风格应该说是十分接近，显然是彼此影响所致。换句话说，它盘的刖人作为器足的设置可谓是一种嫁接之作，即刖人人像只承担盘足这个器形部件的功能，却不完成所谓"负重"的任务。仅就笔者所见，像它盘上的人像设置不能说是独例，也是甚为罕见的。我们大致认为，人物形象不能直接投射于制度。西安大白杨废品回收库曾征集到一

---

① 李西兴主编：《陕西青铜器》44，第79页。该器1988年出土于宝鸡市茹家庄，时代在西周中晚期，笔者认为要早于扶风庄白窖藏的刖人守门温鼎。整理者定名为"鸟饰盖刖者守门底炉方禹"，亦误。

变形兽面纹盘 　　　　　　　　　　鲁司徒仲齐盘

人形足攀龙盒 　　　　　　　　　　曲沃北赵1号墓出土晋侯盨

杨姞方座筒形器 　　　　　　　　　鱼形尊

人形足攀龙盉（局部）　　　　　　人形足攀龙盉（局部）

件裸女形提梁卣[①]，也是跽、坐之姿，依照现有观点，出现裸体的人像多为奴隶身份，但是否在应对主人则不得而知。这件铜卣为人形头顶设盖，亦是取盛酒液的开口，但不能就此说商末周初贵族残暴，凿开颅顶云云。它盘底部的人物形象与同为刖人形象的铜器渊源不深，主要还是来源于我们列出的山东、山西、陕西等处器物底部人像。它们的联系更为直接，也就是说它盘人像的图像初型还是在于跽、坐负重承器形象，"刖人"只是附加其上的另一重具象。至于其中原因，主要是其地处西周岐周腹地，制度的影响力使然。如此一来，它盘的人像从未受刖刑的人像脱胎，形成受到砍足刖刑的具象后，又在器足上重新剥离，即刖人不承担"负重"的视觉功能。当然，之前所举6件铜器上的正常人像，其"负重"功能也多是存在于视觉上的。甚至跽、坐动作本身也

[①] 西安市文物保护考古所编著：《西安文物精华·铜器卷》83，西安：世界图书出版公司西安分公司，2005年，第88页。

鸟饰盖刖者守门底炉方鬲，西周中晚期，1988年宝鸡市茹家庄出土，通高18厘米

不具有所谓的"负重"任务，不过是受到器物制作传统的影响而已，将这些人像构件放置于器物底部，就不自觉被动地带有这种功能。对于我们这一解释，从另外一些铜器的人物形象也可以得到支持。这些人物形象虽然也具有踞、坐姿态，但并没有"负重"的意思，如洛阳北窑西周墓地451号墓出土的人形害器[1]，踞、坐的人物形象更为独立于器形之外。而更晚近的一件人形足盘[2]，踞、坐人像虽然也为器物足部的构件，但已然置身于器外，人像与器体之间另加铜件（或垫片）相连接，"负重"意味开始转弱，即便在视觉的范畴内也是少之又少的。

关于它盘的著录研究史，经我们简单梳理后，发现学界对这件铜盘的器形观察更为细致，对人像的图像细读还略有不足。仔细想来，还可以对以下问题进行发问：一、制作出受过刖刑的人扶膝跪坐的图像意义为何？二、商周人制器的思维方式，从

---

[1] 杨作龙、郭引强主编：《洛阳出土青铜器》232，北京：紫禁城出版社，2006年，第212页。
[2] 杨作龙、郭引强主编：《洛阳出土青铜器》179，第165页。

器物底部的人像可知，承担器足功能的部件用人像表达，可否理解为器物每一部分都是有生命的。三、我们如何据此认识外部世界，图像是制度的反映，还是人们思想观念的表达。在人像当中，到底只是图像的本身的意义，还是可以还原历史场景？四、器底人像的裸体形象的问题。在它盘底部，即便受到刖刑的刑余之人，也制作出性器勃起，其用意是什么？① "刖人守囿挽车"的人像也是裸裎，但不及它盘之生殖器勃起。显然，从图像来源上讲，是否与其他器物有关，诸如山东省莒县出土裸人铜盒。五、图像内部的尺度关系。在大多数情况下，相对于器物来说，人像的尺寸比较小，这一情况在茹家庄鱼形尊上尤为明显。以人而较，器物主体的鱼形显得十分巨大，不啻为一条巨鱼。我们认为只在视觉上承担"负重"功能，也得到一定程度证明。

跽坐裸女形提梁卣

从先秦器物乃至世界范围的文物来看，人及动物形象被用作器物的足部或承重构件，属于常见的现象，其意义在于表达内涵或美化之，而不是对图像中人或动物的功能写实。如前揭所示的几组图像，更有属于所谓"人兽杂糅"范畴的，来国龙

---

① 关于裸体的意义，来国龙先生予以讨论，见来国龙：《逝者的再现，无形的参列——战国秦汉墓葬中艺术中人像观念的转变》，《古代墓葬美术研究》（第二辑），长沙：湖南美术出版社，2013年，第19-53页。

人形足盘

讨论过战国时期的人兽杂糅图像，认为"人神杂糅图像的出现是一个广泛普遍的现象，不仅仅局限于视觉艺术，也发生在早期文学作品……从这个时期开始，人像的力量对早期中国艺术产生了很大的影响。其次，战国时期'降神附体'宗教观念有了一个新的发展。最后就是人兽杂糅图像对当时人们巨大的心理的影响力"[①]。尽管商及西周的铜像未全如战国情状，然不乏为其带有宗教色彩观念的前声，倘若如此，铜器上的人物形象就不再是一比一的仿真，至少不是人间世的直接说明。换言之，出现类似它盘这样盘底有跽坐人像者的图像意义或许很浅近，只是盘圈足下需要加高，造以人像多半为装饰故。所谓"承重"用其他形象也可以承担，如后期蔡侯方壶[②]，壶之方形圈足下有四兽，分处四隅。兽身藏于圈足下，探出首颈，从形体关系而言，颇有"负重"的感觉。但河南新郑李家楼所出的龙纹方壶

---

① 来国龙：《逝者的再现，无形的参列——战国秦汉墓葬中艺术中人像观念的转变》，《古代墓葬美术研究》（第二辑），长沙：湖南美术出版社，2013年，第19-53页。
② 中国青铜器全集编辑委员会编：《中国青铜器全集7·东周2》七四，北京：文物出版社，1998年，第77页。

及莲鹤方壶①,壶下压双兽。从双兽及壶之间的关系来看,壶的"重量"几乎全部置身于双兽之上,双兽却看不出有何不堪重负之感,可见双兽形象多是器物构件的属性。从我们所检视的几件有关铜器中,亦会发现器物与器底人像关系密切,即人像呈现极为突出的动态,当以山西晋国所出的几件器物为代表。可见山西铜器制作如人像塑造的主动最大,究其原因应该是内外文化交流频繁使然,徐中舒有一段讨论狩猎纹图画式铜器的文字,或许可以解释人物形象的内中情形吧,"猎器如欧陆学者所称薄制器形,及车马狩猎图绘、涡纹细密的虺龙纹种种,依本文之研究,虽大部均为中国文化上自身之演进,然其中之浮雕,镶嵌,兽之飞跃,倦息,与羽人,飞兽、操蛇、践蛇等图像,仍具有强烈的外来色彩……春秋战国之际,中华文化既多受外来影响,则此两方之交通,必有所循之道路。春秋时中国与外族之交通,盖以晋为中心。当时晋之四境,皆群狄所居"②。再如南西伯利亚巴泽雷克出土的一件项圈,项圈下卧伏数只带翼神兽。③若从视觉观之,不啻为几兽"承担"项圈横圈的重量,但从器物使用功能来看,翼兽却不承担这样的功能,只是恰好在其下装饰而已。故此,在此之前,历史学家与美术史学家都有

---

① 中国青铜器全集编辑委员会编:《中国青铜器全集7·东周2》二二、二三,北京:文物出版社,1998年,第22、23页。
② 徐中舒:《古代狩猎图像考》,《庆祝蔡元培先生六十五岁论文集》下册,《国立中央研究院历史语言研究所集刊外编》第一种,北平,民国二十二年(1933年)。
③ 转引自李零:《论中国的有翼神兽》(载于《中国学术》第五辑,北京:商务印书馆,2001年,第62-134页,收入氏著《入山与出塞》,北京:文物出版社,2005年,第87-135页)一文中的图五五。

过度诠释的失误。至于前者，前揭已经有讨论过历史学者的相关论断，而美术史家，则如王子云先生，虽未论及此铜盘，但论及商代"陶塑奴隶囚徒俑"之说也可商。①

综上所论，我们可以这样认为：断足的人员是受到刖刑中较轻的一种刑罚，基本不妨碍日常起居的坐、跽的姿势，然而据其在铜盘之下生成负重功用的说法还需要进一步考虑。它盘下部的刖人承盘形象，更多是在于图像意义的方面，而非是历史场景的直接投影。它盘下的刖人形象更多是具有器物构件的色彩，其跽、坐之姿虽是当时人们生活起居情景的写照，但将其设置在铜器下部，只是作为足部构件使用，没有多少现世的意义；也并不能因为这种带有人像的构件出现在器物底部，就将其纳入到"负重"或"负压"的范畴中去考察。这种观念毕竟是后来才逐渐形成的，不能逆推，只能溯源。器物足部的人像也正因出现了刖人的特例，才在一定程度上提醒人们，当时造物其实没有发生太多的意象上的转喻，更可能的只是形式上的移用而已。

原文以《它盘刖人铜像的细读兼论"跽坐"、"负重"问题》为题发表于《中国社会科学院历史研究所学刊》第9辑，本文略有删改。

---

① 王子云：《中国雕塑艺术史》，北京：人民美术出版社，2012年，第26页。其说有云，"陶塑奴隶囚徒俑。是解放前在安阳殷墟出土的为数不多的陶俑之一。这件陶塑，在手法上虽显粗糙，但从神态表情上，却能看出作者是着重刻画了人物内心的感情活动。由于双臂被反缚，脖子上带有枷锁，下躯也似用粗绳捆绑，即使在如此残暴的迫害下，仍表露出坚强不屈、昂首激愤的大无畏气概，使人从极简括的形象中，感到可贵的反抗精神，因此值得珍视"。

双身的立体意味

在商周青铜器上,常会出现有一兽首下接双身,异向布列的纹饰,该兽首亦常常带有双角。青铜器学者亦称之为"双体龙纹"或"双身龙纹"。这类图像,学界讨论不多,仅容庚、李济、马承源、朱凤瀚几位先生曾有简论。近年梁彦民先生发表专门讨论的文章[1],在李济"肥遗"之说的基础上进一步阐述。我们对此有不同的看法,特别是在双身龙纹的图像分析方面,故作文以辨析。需要说明的是,有些学者所谓的"双体龙"则是首下身躯分裂,且同向分布,与我们所讨论的不是一种纹饰。[2]

这类被视之为一头两身的龙纹,容庚先生称为双尾龙纹,"其状(一)一首居中,两尾分列左右有四足,上下填以雷纹。(二)无足,上下填以六点圈纹及雷纹。通行于商代及周初"[3]。容

---

[1] 梁彦民:《殷周青铜器双身龙纹及相关问题》,《考古与文物》2006年第6期。
[2] 罗森在《装饰纹样与地域——汉中青铜器的个案》中认为此纹饰是源自另一种饕餮纹,我们认同这一观点。但关于所谓"双体"亦有不同看法,将另文论述。
[3] 容庚:《商周彝器通考》,上海:上海人民出版社,2008年,第86—87页。

庚先生将其称为双尾，略有不准确之处，但首次将此龙纹分成两类，特别是第二类的分出，对理解该种纹饰及四足的省作都有一定的价值。之后，李济先生虽未专门研究，但在讨论兽面纹的"肥遗"性质时，有所提及，"一双夔龙对称排列的侧面龙头合并为一个向前看视的动物面"[①]。然而，李济先生所论指的并非是本文所讨论的双体龙纹。他说的这句话，"一双"、"侧面"是关键之处，实际上是一对单体龙纹所组成的兽面纹，从他所举的图亦可看出。他所讨论的龙纹，实际上正是罗森所论的"双体龙"，纹饰虽没有差误，但名称上发生了一定程度上的混淆。马承源先生则将其称为双体龙纹，"双体龙纹，中间有一龙头，龙的躯干向两侧展开，旧称双尾龙纹。这与兽面纹的躯干对称的向两侧展开的道理相同，不过这种纹饰呈带状，因而龙的躯干有充分展开的余地。所谓双体龙纹，实际上是龙的整体展开图形"[②]。显然，马承源先生肯定看到过容庚的论述，并予以一定程度的采用，然而"双体"之谓则与他整体展开图形的说法多少有所抵牾。整体展开即是同一龙体，又何必有双体之赘称。朱凤瀚先生在早先的《古代中国青铜器》中，则将其命名为"单首双身龙纹"，并有所论述，"此种表现手法近似于饕餮纹，亦可能是以平面表现立体的手法，龙身躯呈波浪起伏状，在起伏形成的空间中常填有心状或口状纹。主要流行于殷代晚期至西周中期"[③]。朱凤瀚先生将双

---

① 李济：《殷墟出土之礼器总检计》，《中研院历史语言研究所集刊》第47本，1976年，收入氏著《李济文集》第四册，上海：上海人民出版社，2006年，第455页。
② 马承源：《商周青铜器纹饰综述》，《商周青铜器纹饰》，北京：文物出版社，1984年，收入氏著《中国青铜器研究》，上海：上海古籍出版社，2002年，第364页。
③ 朱凤瀚：《古代中国青铜器》，天津：南开大学出版社，1995年，第390页。

体换为双身之称可算适当,即一体可以如虎符一般剖作两身。我们亦采用这一说法。而他对纹饰的分析,实参考马承源先生之论,略作保守折中,"可能是以平面表现立体的手法";而将纹饰消亡时期延至西周中期,亦较容庚之论合适。梁彦民在前人基础上,对双身龙纹进行考古学分析与研究,在双身龙纹分型定式之外,更加敏锐地指出,"这种无尾的双身龙纹就变成了环带纹的初期形式。环带纹波带之间的装饰,最早也是由双身龙纹的足部逐渐变化来的"①。然而,受李济影响较深,他将双身龙纹与"肥遗"之说联系,也就成为我们对此进行进一步辨析的缘由。

对于这种造型的图像分析与理解,马承源先生在做兽面纹时的一些探讨,会给我们带来一些借鉴的地方,"兽面纹既表现为物体正面的形象,同时也是表现物体的两个侧面,我们称这两种结合的方法为整体展开法。古人为了全面表现走兽和爬虫的形象,除了绘成正视的兽面以外,还需用正视的平面图来表现物象整体概念独特的方法,也可以说是透视画法产生之前的一个幼稚的尝试"②。这里我们还是更倾向马承源先生的说法,该纹饰"与兽面纹的躯干对称地向两侧展开的道理相同,不过这种纹饰呈带状,因而龙的体躯有充分展开的余地。所谓双体龙纹,实际上是龙的整体展开图形"③。这样能"剪开"的图像还有很多,如《善斋彝器图

---

① 梁彦民:《殷周青铜器双身龙纹及相关问题》,《考古与文物》2006年第6期。
② 马承源:《商周青铜器纹饰综述》,《中国青铜器研究》,上海:上海古籍出版社,2002年,第358页。
③ 马承源:《商周青铜器纹饰综述》,《中国青铜器研究》,第364页。

作册大方鼎

录》中所著录的两件大方鼎[1]的口沿下纹饰，中部为突起的龙（或蛇）头，其身向两侧"剪开"，左右各自呈一个简单S状排列，尾部卷曲。因兽首向下，颈部又有明显的左右联接指向，故此，两龙共用一头的可能性绝少，应该视之为一龙的左右剪开图，横陈在口沿下，以充当整个的纹饰带。而龙纹本身的造型，则如马承源先生所论，"这与兽面纹的躯干对称地向两侧展开的道理相同，不过这种纹饰呈带状，因而龙的躯体有充分展开的余地。所谓双体龙纹，实际上是龙的整体展开图形"[2]。

李济先生提出用《山海经》中"肥遗"形象来解释兽面纹，"这种有身的'饕餮'，在过去的古器物学家的描述中，都泛称为'饕餮'。我们曾经加以仔细分析，认清了它的演变迹象，以为应该另命一个新名，代表它在装饰艺术史上的地位，所以就借用了《山海经》一种神话动物名称——名为'肥遗'或'肥遗型动物

---

[1] 容庚：《善斋彝器图录》图四三、图四四，莞城图书馆编：《容庚学术著作全集》第十三册，北京：中华书局，第129-132页。
[2] 马承源：《商周青铜器纹饰综述》，《中国青铜器研究》，上海：上海古籍出版社，2002年，第364页。

面'"①。不过李济并未对这种有曲折形状的一首两身的龙纹直接称为"肥遗",之后学者亦常悬置"肥遗"的说法,不去深入论及,因而对其图像阐述有些消极影响。而后,李学勤先生在论保利艺术博物馆所藏的坂方鼎时,亦采用肥遗的说法。②更多学者采取的方法是折中调停,称其"双龙共首"③。梁彦民先生在李济先生基础上继续论说,"从图像本身来看,双身龙纹更接近一头双身的肥遗的形象,将双身龙纹与肥遗相联系,较之抽象的有身饕餮纹更合适"④。我们则不同意将其同《山海经》中的"肥遗"与铜器上的一首两身的蛇形象联系起来。

《山海经·北山经》曰:"又北百八十里,约浑夕之山,无草木,多铜、玉。水出焉,而西北流注于海。有蛇一首两身,名曰肥遗。"将双体龙纹与"肥遗"联系的学者常会引用此文献,然而此条最后一句则是,"见则其国大旱",郭璞亦注云,"《管子》曰:'涸水之精,名曰蟡,一头而两身,其状如蛇,长八尺,以其名呼之,可使取鱼龟'"⑤。我们不去纠缠龙蛇纹饰之间的分别,姑且认为两者形状近似,故而文本与图像之间能够转通。但"肥遗"的说法却值得探讨,按最后一句"其国大旱"的说法,肥遗显然不是吉物,特别是对当权执政的贵族来说,岂能取其图像,

---

① 李济:《殷墟出土之礼器总检讨》,《李济文集》第四册,上海:上海人民出版社,2006年,第455页。
② 李学勤:《试论新发现的坂方鼎和荣仲方鼎》,《文物》2005年第9期。
③ 见吴晓松、洪刚:《湖北省蕲春达城新屋塆窖藏铜器及其相关问题研究》,《文物》1997年第12期。
④ 梁彦民:《殷周青铜器双身龙纹及相关问题》,《考古与文物》2006年第6期。
⑤ 郭璞注及《山海经》原文见袁珂校注:《山海经校注》,成都:巴蜀书社,1993年,第94页。

任国旱水涸。我们对"肥遗"的质疑，也有点像李朝远先生对兽面纹纹饰意义的发问，"形神皆恶的兽面纹为何能在青铜礼器上反复出现并被置于宗庙高堂之中呢？"[1]李朝远先生联系印第安玛雅文化的查克雨神形象及含义，提出"多种动物纹集合的兽面纹成为百姓们日常生活的护身符"和"能使上下不同社会阶层的人们和谐相处，共同承受上天的保佑，以保持人心稳定、社会安定和政治清宁"[2]这样的图像功能。尽管兽面纹或者双身龙纹没有查克雨神这样的求雨功用，但也不至于起到完全的反作用。再退一步讲，即便是为了获取鱼龟等物，而使河水事先干涸也不太可能。因为在上古时期，百民耕种皆有赖雨水，祭天求雨还唯恐不及，怎么还能让其干涸。

将图像与文本结合讨论，不能不考虑图像本身的意义，"判定两种纹饰的关系不应该仅仅停留在形式的相似性上，而更应该注重形式下所蕴含的内容。对于中国早期历史图像的研究，尤其要注意这一点，因为它们往往都是内容大于形式的象征，具有一种意旨上的符号性"[3]。我们认为所谓的一头双身的龙（蛇）纹当视为剪视图作。因为这种图案本身就有形成发展的渊薮，"标准较成熟的动物图形出现于二里冈文化时期，即抽象的一首两身的线雕或平雕动物图像，这种早商文化的动物主题成为各地区青铜礼器上的装饰模式。黄河流域郑州商城出土的大方鼎和长江流域

---

[1] 李朝远：《兽面纹与查克雨神像》，《文物天地》1995年第4期，收入氏著《青铜学步集》，北京：文物出版社，2007年，第434页。

[2] 李朝远：《兽面纹与查克雨神像》，《文物天地》1995年第4期，收入氏著《青铜学步集》，第434页。

[3] 杭春晓：《青铜器饕餮纹研究述评》，《故宫博物院院刊》2005年第2期。

妇好龙纹钺　　　　　　　　妇好双虎人首钺

的新干大洋洲商墓出土的大方鼎如出一辙，除了后者的鼎耳上面多了两个虎形装饰，两者的主体装饰均是风格一致的一首两身兽面纹。从不同文化和区域的考古发现得知，以兽面纹为代表的动物题材自此成为从商到西周早期普遍采用的装饰主题，对它的接受是因为它迎合并满足了各地区文化动物崇拜的传统和需求"[①]。安阳殷墟妇好墓出土的龙纹钺，虽然亦是一头双身，但兽面对称的做法痕迹犹在，特别是双目与身躯极为接近，是知该纹饰乃是从龙纹兽面发展而来的，而同出的另一件铜钺上所见的人头及双虎图像也提供了一些侧证。这件双虎人首铜钺，虽是两虎形的纹饰，但两虎均为侧向剪影状，绝似一虎分割而成。而安徽阜南县朱砦润河出土的龙虎尊又给我们提供更为有力的证据。[②] 龙虎尊肩上有三条曲折盘桓的龙，龙首亦出角，似前揭《善斋》作册方鼎上凸起的龙首。该器的龙形是单首单身，可有趣的是器腹上

[①] 杨晓能：《商周青铜器纹饰和图形文字的含义及功能》，《文物》2005年第6期。
[②] 葛介屏：《安徽阜南发现殷商时代的青铜器》，《文物》1959年第1期。

安徽阜南县朱砦润河龙虎尊　安徽阜南县朱砦润河龙虎尊（局部）

安徽阜南县朱砦润河龙虎尊（局部）

部的虎纹却是一首双身。在器腹上部，两虎身横列，虎头突起呈牺首状，下含噬一人形，人首半进虎口。可见，双身虎纹是早于双身龙纹的，换言之双身龙纹是由双身虎纹发源的；而尊器的年代也偏早，在殷墟文化第一期。[1]进一步具体观察，从虎颈的走向及吞进的半个人首来看，这两个虎身应是共用一个虎首的。很有可能的是，此图像即是一虎分割而成的剪视图。如果这个剪视图成立的话，我们完全可以认为双身龙纹就来源于此。支持我们这个推论的有两条证据：一、虎纹是一首双身，且虎首正面，虎颈有分割之感。二、龙纹亦共存同器，图像装饰手法才会有借鉴、移用的可能；且该龙纹亦凸首双

---

[1] 石志廉：《谈谈龙虎尊的几个问题》，《文物》1972年第11期。

角,与《善斋》所著录两件铜器的双身龙纹近似。对于第一条,林巳奈夫曾言"虎身被分割于左右两侧"①,似乎也是指单体的虎被分割而成的剪视图。若这个图像发展过程成立的话,在双身龙纹图像文本分析中,所谓"肥遗"之论就可排除掉。因为若用肥遗之说,则需要先解决双身虎纹与肥遗说之间的图像与文本关系。显然,这个图文关系很难被证明。故此,我们认为所谓双身龙纹只是图像本身的图案性变化,并不具备太多的文本含义。

提出异议的学者,也在一定程度上承认马承源先生的论述,"马先生是主张称饕餮纹为兽面纹的,这里所说的兽面纹就是饕餮纹。从纹饰的构图方面而言,这种说法有一定的道理。但说双身龙纹是龙的整体展开图形,将其混同于其他龙纹,则值得讨论"②,可见是出于双身龙纹的图像分析之说会混同其他龙纹的考虑,故未能深化马承源之说,以至于只将"双身龙纹"与《山海经》文本做初步的结合讨论,缺乏更为深入的图像分析,不能不说是一种遗憾。当然,这种剪视形状的龙纹,出现的时间还是如其所揭示的那样,"双身龙纹在青铜器上出现主要是在商代晚期和西周早中期,殷末周初至康昭时期是其发展的兴盛期"③,并敏锐地发现"环带纹波带之间的装饰,最早也是由双身龙纹的足部逐渐变化来的"。对于这样双身龙纹的纹饰,所要表达的功能性含义则是需要进一步讨论的。杨晓能先生称,"由动物头部的正面,夸张的双眼,简化的分布两侧的身体组成的抽象动物纹饰正

---

① [日]林巳奈夫著,常耀华、王平、刘晓燕、李环译:《神与兽的纹样学——中国古代诸神》,北京:生活·读书·新知三联书店,2009年,第17页。
② 梁彦民:《殷周青铜器双身龙纹及相关问题》,《考古与文物》2006年第6期。
③ 梁彦民:《殷周青铜器双身龙纹及相关问题》,《考古与文物》2006年第6期。

司䗆母大方壶　　　　　司䗆母大方壶双身龙纹（局部）

是最理想的设计，因为这种图像既不与任何动物相似，又能令观者产生自己的联想。根据其信仰动物的不同，观者可幻想到某一兽面或似龙，或像牛，同时也体验到一种强有力的神灵的威慑和感召"[①]。尽管他并没有完全认为是龙纹纹饰，并且将图案直接提升至"神灵的威慑和感召"，但其思路还是有不少值得借鉴之处。

欲对双身龙纹的功能有所探究，我们需要先将出现这种双身龙纹的器物作一简单梳理。带有双身龙纹的器物时代最早的当属妇好墓所出的司䗆母大方壶，而同墓所出的妇好龙纹钺[②]也带有此类纹饰。此外出现双身龙纹的器物还有光方鼎[③]、挈兮方鼎[④]、邐

---

① 杨晓能：《商周青铜器纹饰和图形文字的含义及功能》，《文物》2005年第6期。
②《中国青铜器全集3·商3》三。
③ 刘雨、汪涛撰：《流散欧美殷周有铭青铜器集录》13，上海：上海辞书出版社，2007年。
④ 刘雨、汪涛撰：《流散欧美殷周有铭青铜器集录》39。

光方鼎　　　　　　　　䚈兮方鼎

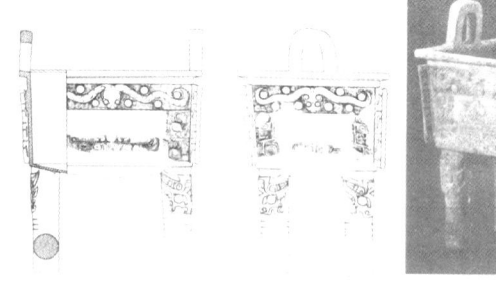

亚父䍱方鼎

安阳殷墟苗圃北地方罍 　安阳殷墟苗圃北地方罍（局部）

方鼎①、弢工方罍②，以及安阳苗圃北地229号墓出土的一件方罍③、陕西省泾阳兴隆乡高家堡3号和4号墓各出土的一件亚父癸方鼎④，湖北省蕲春达城新屋塆铜器窖藏所出盂鼎⑤、上海博物馆所藏斿父癸壶⑥。除此以外，还有较早时期公布的亚醜父丙方鼎⑦、作册大方鼎⑧和令方彝⑨。当然，还包括那件大名鼎鼎的坂方鼎。可见，这种双身龙纹出现在方形铜器上占绝大多数，其中又以方鼎为众，而方形铜器本身就具有一定的等级，像"新屋塆窖藏主人的身份应为周王朝方国国君或高级贵族"⑩。方形铜器自然以方鼎首当其冲，且覆盖影响到尊、罍等器物上，而"方鼎是鼎类中的一个特类，当它与圆鼎一同埋葬时，它具有抬升鼎类器乃至食器在

---

① 刘雨、汪涛撰：《流散欧美殷周有铭青铜器集录》64，上海：上海辞书出版社，2007年。
② 刘雨、汪涛撰：《流散欧美殷周有铭青铜器集录》332。
③ 中国社会科学院考古研究所、安阳市文物考古研究所编著：《殷墟新出土青铜器》42，昆明：云南人民出版社，2008年，第124-125页。
④ 陕西省考古研究所：《高家堡戈国墓》，西安：三秦出版社，1994年，第57、72-73页。另见钟柏生、陈昭容、黄明崇、袁国华编：《新收殷周青铜器铭文暨器影汇编》785、787，台北：艺文印书馆，2006年，第573、575页。
⑤ 吴晓松、洪刚：《湖北省蕲春达城新屋塆窖藏铜器及其相关问题研究》，《文物》1997年第12期。另见钟柏生、陈昭容、黄明崇、袁国华编：《新收殷周青铜器铭文暨器影汇编》1244，第873页。
⑥ 陈佩芬：《夏商周青铜器研究》（西周篇上）262，上海：上海古籍出版社，2005年，第155-157页。另见钟柏生、陈昭容、黄明崇、袁国华编：《新收殷周青铜器铭文暨器影汇编》1443，第997页。
⑦ 容庚：《商周彝器通考》一二九，上海人民出版社，2008年。
⑧ 容庚：《商周彝器通考》一三四。
⑨ 陈梦家：《西周铜器断代》下册，图19，北京：中华书局，2004年，第593页。
⑩ 吴晓松、洪刚：《湖北省蕲春达城新屋塆窖藏铜器及其相关问题研究》，《文物》1997年第12期。

斿父癸壶 　　　亚醜父丙方鼎 　　　作册大方鼎

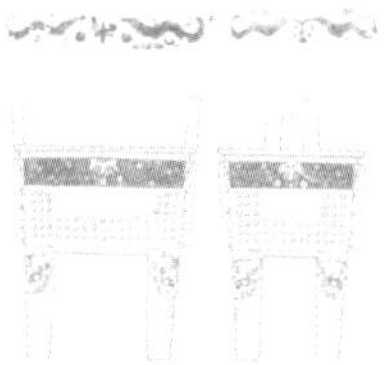

湖北省蕲春达城新屋塆铜　　亚父☐方鼎纹饰拓片
器窖藏所出盂鼎

令方彝 　　　坂方鼎

青铜礼器中地位的作用"①，而且愈在早期，方鼎的地位愈尊隆，"在殷墟铜器一、二，方鼎是非同寻常的青铜礼器，只有妇好这样的王室成员才有资格拥有"②。

我们虽然胪列了些带有双身龙纹的器物，然而这样的器物毕竟因为等级较高而少见。王世民先生亦有论，"坂方鼎和邐方鼎，以及作册大方鼎，所饰乳丁同样是三行。这3件方鼎，排列成凹字形的乳丁以上，所饰双身上卷尾龙纹的细部结构相同，龙身都增饰斜方格纹，上下再各间以4个球形。这在商周铜器中不算多见，所知有河南上蔡县田庄西周墓出土的方鼎，形制完全一致。再有陕西岐山李家村、眉县凤池村出土的方鼎，也是类似的形制。但其他器物有所不同，例如北京琉璃河253号墓出土的椭方形圉鼎，器和盖的口沿下均饰双身上卷尾龙纹，龙身则为鳞纹而不饰斜方格纹，上下也没有间以球形"③。这样的器物，大多数是祭祀专用之器，如《善斋》所录的两件方鼎，其铭文就明言"武王成王異鼎"，即祀鼎。诚如容庚先生言，这是为武王、成王铸造的专门祭器。而令方彝的长铭更是翔实记载了一段祭祀典礼，"用牲于京宫……咸既用牲于王，明公归自王"。尽管令方彝是事后做器，但从长铭来看，器物与祭祀应该有所关系。而坂方鼎更是能排入帝辛周祭系统之中。④故此，这类方鼎与祭祀关系十分密切，而双身龙纹自然也连带着与祭祀相关，借此希盼某种神力

---

① 张懋镕：《商周方鼎探论》，《古文字与青铜器论集》（第一辑），北京：科学出版社，2002年。
② 张懋镕：《商周方鼎探论》，《古文字与青铜器论集》（第一辑）。
③ 王世民等：《保利艺术博物馆收藏的两件铜方鼎笔谈》，《文物》2005年第10期。
④ 参见徐凤先：《坂方鼎与商末周祭系统》，《文物》2005年第9期。

也成为一种自然而然之事。既然如此，我们之前做过"肥遗非吉物难以用来祭祀"的推论也得到一定程度的证实。

最后，我们对双身龙纹多出现在方器上做一个小小的推测。正如我们所说，双身龙纹是一个剪视图，是一个立视体图像向平面构图的转换，即用平面的手段来展示一个立体纹饰图像。虽将龙纹之身一剖两半，但至少在心目中存续着一个立体的朦胧概念。只不过装饰手法和技术亦显稚弱，不能像汉画像石砖，用斜向45°构图即可示意立体场景。于是，索性就平面铺就，一个有平整面的器物显然更适宜双身龙纹的施制，而略带弧度的圆器就显得不那么适合了。从双身龙纹的施制，也可以进一步引申至其来源，即这种双身的纹样是如何形成的。尽管我们在前文中对"双身龙纹"的渊源略有探究，但还是应该以美术史的眼光考虑一下器物与纹样的互动关系。郑岩先生提示，"在良渚玉琮中就已经看到在转角处表现的兽面，这种构成手法是否会转移到铜器上？"这一想法很有启发，我们后来在检视西周铜器时，发现一件方簋盖，在正面固然是顾首龙纹依扉棱对称分布，但在转角处，却可视之为两龙对尾而陈。这种转换的视觉，与我们

方簋盖

所讨论的双身龙纹有着异曲同工的视觉意味。尽管良渚玉器与中原铜器，在历史学与考古学上还不一定能够发生直接联系，然则

观看方式以及视觉心理却是一定的,如郑岩先生所认为郑州商城窖藏的几件方鼎,"如果'身'不延长得很远,这种装饰在视觉上就是合理的,人们感受到的是立体的动物。从器物的一个面看时,会看到单身的物象,基于这种视觉感受,动物的身体就可以无限延长。这样,从转角处看时,就成了展开图。久而久之,这种展开图的感受一旦为人们所接受,就有可能被转移到同一个平面上,形成一首双身的造型。也就是说,有些纹样的形成,是器物装饰史发现的结果,而不一定是模拟自然,或者表达某一个固有的概念"。我们所认为的剪视图,可能只是一种说法,是否定"肥遗"说的一个理由及答案。这种说法在青铜器内部是可以成立,然而扩展到先秦美术史的外部,更需要从视觉文化上予以解答。这一点巫鸿先生关于玉琮转角处各半兽面纹的论述提供了很好的范例,"典型的玉琮外形是一段方形棱柱,兽面装饰在转角处。这样的一种设计完全打破了二维视觉艺术的观念,玉琮每一个平面的边缘都停顿在半个兽面上,图案在这个平面上未到尽头。为了看到整个形象,观者必须转到相邻的平面上寻找兽面的另外半张脸。这一特殊的装饰模式很有可能是良渚文化的发明,……将一个静态的偶像进行'分解'。……把一个兽面分置于两个相连的平面上,其结果是两种视觉形象,对着琮的侧面看到的是兽面完美的侧面,对着琮的转角看到的则是一个完整的正面兽面形象"[①]。结合巫、郑两位先生的相关论述,我们或许可以这样认为,双身龙纹的施制过程恰恰是巫鸿先生讨论玉琮的逆

[①] 巫鸿:《中国古代艺术和建筑中的"纪念碑性"》,上海:上海人民出版社,2008年,第41-42页。

向,即将一个立体的形象施制或"填充"至一个平面的块面之中,受着已经成形的立体观念的影响,就造成了填充平面与塑造立体的矛盾想法,而双身龙纹正是解决这一矛盾的另类装饰手法。

原文以《商周铜器双身龙纹非"肥遗"说兼论其图像辨析》为题,发表于《中国美术研究》2014年第1期,本文略有增改。

铜器的观看

早期中国，特别是夏商周三代，进入到礼器系统中的器具——特别是铜器——存在一个从单一工艺品到公共场所的使用及观看的过程。这个公共场所有可能是墓葬，器物也就与墓葬空间可能会产生某种关系。具有美术史背景的人士很早就对铜器加以研究，但过于着重解释相关概念，忽视对原境的考察，存在误读青铜器的危险。青铜器变成人们摩挲把玩的古物，青铜器的纹饰图像开始被注意，但"观看"已不再具备当时应有的意义。20世纪初宝鸡戴家湾出土的铜禁是自身带有"观看"意味的一组铜器，可以直接且全面地解释铜器群的观看意义。研究青铜器的学者常用的一个词汇是"陈列"，这个词虽然比较客观，却也让人容易忽视青铜器的"观看"之道。[①] 美术史虽注重"观看"的意味，却仍需先对"观看"的前提进行讨论，例如观者的身份、观

---

① 对于观看的意义，请参阅[英]柯律格：《明代的图像与视觉性》，黄晓鹃译，北京：北京大学出版社，2011年。

看的方式乃至观看的尺度及方向性等，尤其是对于青铜器如此复杂的器物，其"观看之道"需要再检讨，特别是从中析理出当时"观看"铜器的视觉心理。后者更涉及了图像文化对社会需求及影响，特别是观看方式所产生的影响既在个人层面，也包含了社会层面。

我们先来看二里头发现的那只铜爵，胎体轻薄，三条支足纤细，无论是从技术上还是从视觉效果上，都无法也不宜在器物表面施制纹饰，仅作一条乳钉纹带而已。可是，并非是只有拥有繁复的花纹才能引起观看的兴趣，这件爵的器形非常有特点，长流宽尾束腰撇足，器高22.5厘米，而流尾之间的通长却达31.5厘米，器腹的束腰又将视觉重心下移，使之流尾的长度恰到好处，而略撇的三足在轻盈之中又给人以俏皮之感。这件爵固然不以纹饰见长，但器形所形成的轮廓线却极完美地分割了器物与所存在的空间。这些都是我们当下的"观看"。如果当时使用者注意过这件铜爵的话，那与刚才的观看有无不同，存在怎样的差距，这种差距是主观上的，还只是客观上因为这件爵放置的高低，引发不同的视角而已。所以，在阐述铜器的观看之道的同

1975年河南偃师二里头出土乳钉纹爵

时，这个"间"（古今观看的差异）也是笔者所关心的。

一、器形纹饰与观看的关系

商周时期，不同材质的器物进入到礼器系统，如铜器、漆器，甚至是白陶器。不同材质的器物如乐章一样共同组成了一套礼器，在同组器物中因材质不同也带来色泽、声响①、温度的不同，势必会引起人们注意，从而产生观看行为。具体到铜器的观看，是否与墓葬产生某种空间关系，也是我们有兴趣知道的。铜容器除了作为礼制的表征外，无疑也属于客观物质载体，上面的纹饰图像也承担相当视觉传达的作用，诚如杨晓能所言，"青铜礼器是早期王朝统治者用于治国的重要工具，以及三种视觉媒体展示的平台。在商代形成的青铜礼器网络体系，被普遍认同并极具强大的亲和力，导致商王被尊崇为各个实体的共主。总体来看，青铜器纹饰、图形文字和图像铭文实际上是二里头文化和商王朝所创立的独特礼制体系中的三个功能不同又相辅相成的有机组合"②，所提出图形文字与图像铭文概念存在一定的重合，但纹饰与之相比，是最直接被看到的，特别是商代晚期铜器。商代晚期出现的三层满花铜器，因为有主要纹饰及其半浮雕的动物造型，引起人们观赏的欲望，而曲折的地纹则因过于细密，在看见的同时又制约了进一步观看的欲望。对于大多数铜器纹饰而言，殷商时期的纹饰也是有特殊含义的。岳洪彬认为，"实际上，商

---

① 声响，因碰触器具所发出的声音，也可以引申为一种意象。温度，因为材质的不同，反射的光泽也不尽相同，造成不同的温度感受，也引起人的心理变化。

② [美]杨晓能著，唐际根、孙亚冰译：《另一种古史——青铜器纹饰、图形文字与图像铭文的解读》，北京：生活·读书·新知三联书店，2010年，第7页。

代青铜器纹饰，尤其是兽面纹、各类龙纹、虎纹、凤鸟纹和鸮纹等，对当时的商人来说，应该具有某种特殊的意义，或代表着不同的身份地位，或表示着无上的权威，或体现着'众星捧月'式的社会理念（殷墟青铜礼器纹饰的主次极为分明），或为商人心目中可与上天及先祖进行沟通的意识层面的中介物等"[1]。如果这一观点属实的话，纹饰及其载体就存在观看的可能，因为人们需要观看这种带有含义的纹饰，从而进行心理建设。之前张光直先生也曾将青铜器认为是通神礼器。

中国铜容器大多是圆器，圆器对观看来说，方向、次序的确定是一个困难，第一步从何处着眼是需要先行确定的。因为观看如要同文本一样被阅读，就需要一套相应的语法。学者讨论过以铜鼎的足、耳配置部位，从四点配列式到五点配列式除了表示铸造相对年代外[2]，也是开始引起器物方向性的设定。但当五点配列形成之后，器耳分别处于三足形成的边线上，以哪一面确定为正面又成为一个新问题，这与非叙事性纹饰单元连续排列有同样的

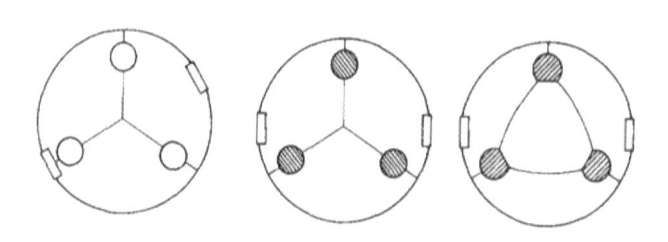

商时期铜鼎四点配列到五点配列示意图

---

[1] 岳洪彬：《殷墟青铜器纹饰的方向性研究》，《考古》2002年第4期。
[2] 张昌平：《乳钉雷纹蛙饰瓿与四点配列式鼎》，《上海文博论丛》2009年第2期。

难题。需要解决的都是首先从何入手的问题。圆形铜器的纹饰与形制一样，存在着一个方向性问题，尽管将铜鼎一条腿的方向迎着人摆放，存在一定的视觉障碍。①这样的方向性的确定，也存在一个以谁为主的问题，到底是墓主还是对面的神主。当然在一定程度上两者可以发生重合，特别是在商代所崇拜的祖先神的信仰中。这也致使方向性有一定的模糊性，到底以墓主为准，还是祭祀活动中以神为主导的方向为准。通常情况下，神是与墓主呈相对的方向，但如果发生墓主与神祇合二为一的情况呢。但无论如何，铜器的朝向对观看都是很重要。青铜器纹饰的方向性，简单来说就是青铜器的朝向问题。青铜器纹饰如具备某种特定意义，试图将其意义最大限度地表现，而纹饰完整一面在理论上给"观者"以最大化的感受，于是，铜器上具有一组完整纹饰的一面被规定为正面。②这是比较合乎常理的规定，但我们还需要对这种"正面"规定的前提有所讨论：一、纹饰的意义，商代晚期铜器主要是祭天祀地的"神器"，附丽其上的纹饰需要对过度的引申加以限制，如将兽面称为食人未厌的"饕餮"，但纹饰本身也并不是全无意义。二、完整纹饰，铜器上的纹饰因为也是合范而成，模件化的制作是有可能的。尽管实际情况未如学者解释的程度化如此之高③，尤其是商代晚期，一范一铸的单独化制作的可能要超过模件，但纹饰绘制的"粉本"应该存在的。一件铜器上施绘纹饰的块面因为大小各异，主要纹饰也会随之变形，但并不

---

① 铜器的图录的照片，因为是要给读者看，大多都是最优美的一个面朝向读者。
② 岳洪彬：《殷墟青铜器纹饰的方向性研究》，《考古》2002年第4期。
③ [德]雷德侯：《万物》，张总等译，北京：生活·读书·新知三联书店，2005年，第70—73页。

1.目 2.眉 3.角 4.鼻 5.口 6.躯干 7.尾 8.腿 9.足

兽面纹图解

会有一套或多种粉本。大小不一的纹饰主要依靠工匠依一件"粉本"变化，有的改变得比较恰当，有的却比较差。正面完整纹饰的那个底本就很可能是这唯一的"粉本"，其他侧面的纹饰依此有所简省。保存状况较好的墓葬，铜器的出土布局固然可以对埋葬时青铜礼器的放置情况做一个大致复原[1]，但这个复原也还是有一定推测性的，丧葬是一套活动过程，但墓葬中看到的铜器只是即时的摆放，也许在时间推移、物质变化等背景下，这么一个很小的差别不那么重要，可以将其忽略不计，但还是需要提出的。墓葬所见和认识始终都是一种后人对前景的"追认"或推想，但不能忽视，特别是给单独的铜器作品赋予了语境。墓葬，是整个丧葬仪式过程的终结之所。

如何确定铜器正面的困惑，在有附件的器物上得以有限度的解决。铜爵，因为有鋬及流，可以确定正面或背面，如岳洪彬对郑州杨庄铜爵有鋬一侧与无鋬一侧的对比分析，"腹部有鋬一侧

---

[1] 岳洪彬：《殷墟青铜器纹饰的方向性研究》，《考古》2002年第4期。

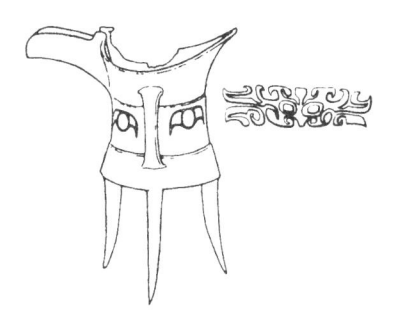

杨庄铜爵带鋬的一面

有'目纹',另一侧有完整的兽面纹"[1],这牵涉纹饰铸造的方便性。不过因为铜爵多半是祭祀用器,如何摆放又成了一个问题。铜簋,因为有双耳,基本上正背面也可以确定。西周之后的铜簋内底多有铭文,竖行直下的方式,可以确定铜簋朝向,特别是"子子孙孙"的辞铭,更可能是写给生人看的,文字的方向一定是朝向墓主,而非逆向。特别是这时的铜器并非祭祀专用,更多是墓主将生前所用的器物随葬。而这时的铜器与铭文一样,更多的是阅读性,纹饰也做得模式化,比较平淡。

铜器作为器物,是立体形状,而器物上面的纹饰[2],却更多呈现为平面化状态,分范铸造所需的范块,因为要塑造为器形,就需要带有一定曲度,但纹饰与范之间关系却是二维的。商周铜器是器与纹一同铸造的,纹饰虽然是会事先绘制在范的内壁上,但始终要一同浇铸成形。这就存在一个如何协调立体与平面的问题,这对了解铜器观看极为重要。在浇铸一器之上,要处理二维与三维空间,难免会出现杂糅的现象,特别是商代晚期那些动物纹饰丰富生动的铜器。当时人们之所以能做出感染力很强的动物

---

[1] 岳洪彬:《殷墟青铜器纹饰的方向性研究》,《考古》2002年第4期。
[2] 此处的纹饰,是指铜器表面的纹饰,通常说的半浮雕或浮雕造型不在讨论范围。

反山12号墓出土玉琮（M12：98）角隅兽面　　反山12号墓出土玉琮

形象，主要是因为他们的思维。这些动物形象在他们脑子里都是立体的、行动的，将动物形象铸在铜器上，也试图要表现出动物的立体状态。只是在近乎平面的块面上，要将这种思维表现出来，难度极大，需要一些非正常的手段。

　　铜器中常见的兽面纹，受到良渚文化玉器上兽面的影响。良渚文化玉器上的兽面多在玉琮转角处，在左右两面都琢制有半个兽面纹，利用一个带有外凸角度的块面，让图像不再是以兽面的形式呈现，而成为立体的动物。这种手法是因形敷纹，隅和"正方向"的面同样重要。[1]良渚玉器上有意图表现立体形态的人形，如反山12号墓出土的玉琮[2]，也就是一个带有面孔的人形，上方是戴有羽冠的首部，其下为左右分张的双手，躯体有目有口，下方是蹲坐的两足。在相邻两面施造纹饰，利用相接的角度在视觉上造成一定凸起感，这一手法在后来铜器上也有见到。如商代晚期

---

[1] [美]巫鸿著，李清泉、郑岩等译：《中国古代艺术和建筑中的"纪念碑性"》，上海：上海人民出版社，2008年，第41-42页。文章比较详细解释了玉琮转角如何呈现兽面，不过我们更认为正面所呈现的半个兽面不是观看的最终结果，换句话说人们对半个兽面视而不见，以转角全兽面为观看对象。
[2] 浙江省文物考古研究所：《反山》（下），北京：文物出版社，2005年，第57页。

匽侯旨鼎　　　　　　　　　　　　二里头出土嵌绿松石铜牌

多见的一种"鬲鼎"，腹部近乎鬲的袋状，形成了如转角式的一个突出块面，相邻侧面的界限比转角式不那么明显，但其上的兽面还是要比纯平面的兽面生动许多。这种手法如果不是偶然性的巧合，那一定是被有意识地借鉴，并有所发展，后来也演进到纹饰单元组合中。西周时期的一件方簋盖，在正面固然是顾首龙纹依扉棱对称分布，但在转角处，却可视之为两龙尾部相对，这件簋盖转角有一定的弧度，视觉可以通过，龙是回首的造型，两条尾部相对也有所照应，存在形成单元组合的可能。在纯平面的铜器纹饰创立面上也多少保留了立体思维的痕迹，我们曾讨论过双身龙纹的纹饰亦属此类。这是一个龙首，龙身从颈部分开，左右曲折地排列纹饰。我们将其名为"剪视"形状，其实是在平面上表现动物立体感的折中方法。其思路就是，将一个立体的形象施制或"填充"至一个平面的块面之中，这种做法并不鲜见，二里头出土的嵌绿松石铜牌也可能存在这种手法。一般认为铜牌上是兽面，这是因为兽形的面庞占据了牌饰的主要空间，人受视觉心理的影响，主要注意到局部的这块兽面，但牌饰下端的纹饰也有一定比例，不能用"兽面"的眼、角、眉等部件解释，这些是无法纳入到"兽面"体系中，但也不能无视，将其"废弃"。实际上，牌饰上的纹饰不只是中线对称的兽面，还包括动物的身体，我们看到的平面图案是将兽的立体形状沿中线"剪开"，并排列成平面的图像，下部向内旋转的曲线，当视为动物的后腿。这样看起来，它的后腿较短，山西晋侯墓地出土的兽形豆，下部的动物形态也很像这种短腿兽类。

西周铜器上的纹饰不如商代晚期生动，有形象感，从动物形象抽象为窃曲纹、重环纹甚至是其他更简单的几何纹饰。纹饰有被器形湮没的趋势，观赏的意味转淡，但还是能够通过视觉上的观看，形成观感，开始对器形纹饰有所选择。换句话说，人们设计器形与纹饰，注重两者的配搭，也多少会从视觉出发。直棱纹，是西周常见的一种铜器纹饰，广泛地使用在鼎、簋、卣、觯、尊等器物上。经过学者总结，这种图像往往具备三种特征，"一是竖条的，不论是宽条纹还是细条纹；二是成组的，即这些竖条成组排列；三是线条有明显的两端，即是一种线段"[1]。必须说明的是，直棱纹最晚期时只存在于簋上，亦如学者所说，"但以直棱纹为主体装饰的青铜器也有很多，尤其是簋形器。这种情况直棱纹多装饰于器物的腹部"[2]。我们考虑，这是缘于直棱纹作为竖向集中图案，一定要相当的设置空间，簋腹

---

[1] 梁彦民：《浅析商周铜器上的直棱纹》，《文博》2002年第2期。
[2] 梁彦民：《浅析商周铜器上的直棱纹》，《文博》2002年第2期。

鬲簋上的直棱纹

部的空间最为合适。在直棱纹文化最盛时期,当然可以扩散到其他器物,而当衰微之时,则一定会退居于最本位的位置。从视觉来说,直棱纹有助于拉伸器物影像,这对于较为敦实矮胖的器物尤为突出,故此它不会出现在纵长型的器物上,如壶等。如果从观看的感觉再进一步说,直棱纹不会是一个近距离观看的器物,"直棱纹或是波曲纹并不利于近距离观察。其相对粗犷的设计更适合从远处来观看"①。

二、观看方式的变易

因为观者身份,也就是对铜器观看的主体有所变动,其观看方式及意涵也会产生变化。具体到铜器观看的主体,大体存在几种情况:

1. 铜器器主,或所出墓葬的墓主

---

① [英]杰西卡·罗森,黄爱梅译:《是政治家,还是野蛮人——从青铜器看西周》,收入《祖先与永恒——杰西卡·罗森中国考古艺术文集》,北京:生活·读书·新知三联书店,2011年,第40-41页。

这部分观看的主体是指铜器最初制作的器主，也包括铜器随葬的墓室主人。有时候器主与墓主并非是同一人，不少铜器也无法指认出明确的器主，但并不影响我们对于这层观看的认识。因为铜器不是专用于死者，还用在各种"生"的活动中，所以作器的器主也是观者，还包括参与日常宴享的宾客。只是这些"生"的活动，我们只能在礼书中见到若干片段，除了少量东周画像式铜器和一些漆器，则很少见到其他的实物材料。多出自墓葬的铜器与所在空间更多是丧葬的见证。

墓主可以观看么，或者墓葬中的物品能够被观看么？这个问题与墓葬结构与空间息息相关。汉代之后，砖室墓或洞室墓的营造，使得墓室拥有一个视觉距离的空间，观者无论是墓主还是他者，观看几乎不存在疑问。商周墓室多为土圹，填土覆盖，墓中几乎不存在一个真实的空间，椁棺之间的空隙也是东周之后才出现的葬式。那么被墓土覆盖、填充的铜器，是否可供观看呢？我们从陶寺遗址一座带有壁龛墓中可以得到一些线索。这座墓有11个壁龛，另外四壁有五道嵌入式手抹草拌泥宽带，尽管填土会填满整个墓穴。但观察这五道宽带，最下一周近压在上方，似乎将整个墓穴做以结构上的划分，其起因似乎也是源于视觉上的，正如发掘者自言，"站在墓室内视觉装饰效果甚佳"①。事实上，在殷商时期，王陵墓葬中就可能不是用填土完全覆盖。在殷墟王陵的墓圹底部存在着一个木构架建筑，"在这八座大墓（笔者案，是殷墟王陵区十二座大墓中彻底清理的八座）的墓坑底面上都或多

---

① 中国社会科学院考古研究所山西队、山西省考古研究所、临汾市文物局：《陶寺城址发现陶寺文化中期墓葬》，《考古》2003年第9期。

或少地残存着一个木构建筑物的遗迹，过去有人曾称它们为椁室，我们在发掘报告中则称之为木室。这种木室的里面，原本是放置墓主人的尸体以及许多随葬品的地方"①，这样一来，随葬品就有一个展示的空间，而在其上的图像也可能与主人发生联系，至于主人是尸体还是魂魄，我们暂且不去讨论。

1934—1935年安阳侯家庄1001号大墓，依稀可见亚形墓制

　　商周之间的墓葬还出现了一种铜器随葬形式，即壁龛，如安阳太平庄等墓群。"太平庄村一处5座墓中4座墓有壁龛，另一座有壁龛的墓为东八里庄村的13号墓。壁龛内均放置有随葬器物"。这种现象相对少见，壁龛的形制，使铜器有了一个存在的空间，"太平庄村西发掘的5座墓中，有4座带壁龛，且壁龛均掏在墓室一侧"，不再是被封土掩埋，那么与死者也会形成一个特殊的关系，抑或可以导向"观看"。因为这种形制的墓葬在该墓群中相对比较集中，是否可以看成是一种特殊选择性，或是某种风尚，亦如发掘者所言，"这种比较集中的有壁龛的墓群，殷墟墓地中是不多见的。它反映了

---

① 高去寻：《殷代大墓的木室及其舍义之推测》，《史语所集刊》第三十九本下册，1969年1月。

石鼓山3号墓由南向北俯视所看到的壁龛情况

殷代这处家族墓地所独有的葬制"①。陕西宝鸡石鼓山3号墓的发掘,似乎更能说明铜器陈列与墓葬空间的关系,所发现的14类31件的铜礼器分别放置在六个不同的壁龛内,"K1内置铜礼器3件,分别为鼎2、簋1。K2内置铜礼器7件,分别为簋4、甗1、鼎2。另有铜戟1件。K3内置铜礼器16件,分别为禁2、彝1、觯1、卣5、壶1、盉1、斗2、罍1、尊1、爵1。另有铜斧1件。K4内置铜礼器2件,分别为方座簋1、鼎1。另有高领带足鬲、铜戟各1件,铜锛2件。K5发现漆皮类物质。K6内置铜礼器2件,分别为盘1、卣1。盘覆盖于一漆器上。另外,有一件铜鼎位于北二层台西部(K4下方),出土时口朝下,一足被压断,疑此

---

① 安阳市文物工作队:《安阳市殷代墓葬发掘简报》,《华夏考古》1995年第1期。

石鼓山3号墓的4号龛中出土器物情况

鼎本在K4，后因某种原因掉在二层台上"①。我们认为，这些壁龛所表示每一个都是一个独立的单元，其器物组合在整个大器群中也有着极大的独立性。在这六个壁龛中，3号壁龛最为重要，器种繁多，又带有铜禁。这些全部属酒器的铜器也标志着3号墓的墓主有着殷商旧式贵族的性质。而4号壁龛中的主要器物一鼎一簋则说明属于周人的"重食文化"也在悄然发生。当然，放置器物于二层台上是一种比较简便的方式，如陕西沣西张家坡墓群87号墓，"在东端的二层台上，放1件陶鬲，横置一条牛腿骨，另外还有1件铜矛。在椁室的东北角放青铜食器，有大鼎1件、小鼎1件、铜簋1件。大鼎内有肉食遗骨，铜鉴内有1件铜戈和1件铜斧。椁室的东南角放青铜酒器，计卣1件、尊1件、爵2件、觚1

---

① 石鼓山考古队：《陕西宝鸡石鼓山西周墓葬发掘简报》，《文物》2013年第2期。

件、斗1件。这些青铜容器上或印有织物的痕迹,其上更覆盖有一厚层菜叶状的纤维。在椁室北侧中部并排放着1件铜锛和1件铜凿。西周墓葬中常常随葬斧、锛、凿之类的工具,在这批墓葬中就有好几座,其他地方的西周墓也有这样的例子。在墓主人的头部和腰部还散见一些玉石的装饰品等"[①]。

从空间转移到铜器上,如湖南宁乡黄村出土的商代后期青铜人面纹方鼎,学者论述很多,有的甚至认为是人殉之意。我们通过图像分析则认为,具备像生的意味可能更大。人面的双眉用细棱纹装饰,显然是眉毛的真实表达。其次,下颌角在面庞的线条流动中表现得生动且准确。人面的人中、双睛中的瞳仁亦用双线勾勒出,虽简却不潦草,做此器者俨然是位伟大的工艺大师。他所做的"人面"所要表达的是"观看"的含义。如果这件铜器上的人面是有像生的意味的话,那么就存在反观看的可能,即人像观看生人。罗森也认为宁乡的人面的铜器带有极强的写实色彩,但并不是与祖先崇拜有关系,"人面纹饰并不是意味着祖先崇拜,而是跟战争

湖南宁乡黄村出土的人面纹方鼎

[①] 中国社会科学院考古研究所沣西发掘队:《1967年长安张家坡西周墓葬的发掘》,《考古学报》1980年第4期。

和祭祀中的暴力相联系"①。我们部分认同罗森的观点。江苏镇江王家山东周墓出土过一件錞于，在正面肩腹间突出处就饰有一浅浮雕的人面②，显然不是所谓的"祖先崇拜"，罗森所认为的"战争中的暴力"解释合理些，因为錞于本身就是用于战争的军乐礼器。至于为什么带有人面的器物会产生战争与祭祀中的暴力，则需要进一步讨论。我们认为商代青铜器大部分的"观看"不是他者观看，而是一种自我内向的观看。只有出现指示性非常强的图像，才具备观看他者的意味，如前面讨论的人面、三星堆铜像甚为突出的眼目。其他情况，如兽面纹的面部可能只是出于纹饰图像的完整性考虑，而并非具备"观看"，特别是观之他人的功能。由此，美学家所阐述的"狞厉之美"③也就无从谈起了。铜器的纹饰先要满足图像性，在图像的自律的要求下完成且具备图像的完整性，才有可能开始某种观念的表达。

我们发现西周铜器常见一条兽首纹饰带，会在簋、卣等器物上出现，如陕西省西安市长安区兆元坡出土的一件西周中期铜簋——辅师嫠簋，其口沿下饰四只长冠分尾大鸟，中隔浮雕虎头，形成一条简单的纹饰带。罗森也引论过一件带有兽首纹饰带的卣，认为这是西周早期偏晚周中心区的器物。④我们认为，这

---

① [英]杰西卡·罗森：《论商周青铜器上的人面纹饰》，北京大学考古系编：《"迎接二十一世纪的中国考古学"国际学术讨论会论文集》，北京：科学出版社，1998年，第147页。
② 镇江博物馆：《江苏镇江谏壁王家山东周墓》，《文物》1987年第12期。
③ 李泽厚：《美的历程》，天津：天津社会科学院出版社，2001年，第47页。
④ [英]杰西卡·罗森著，黄爱梅译：《西周青铜铸造技术革命及其对各地铸造业的影响》，收入《祖先与永恒——杰西卡·罗森中国考古艺术文集》，北京：生活·读书·新知三联书店，2011年，第59页。

辅师嫠簋

种只在口沿下方有纹饰带的铜器，器上的纹饰内容相对减少，若稍有距离，就有了观看的难度，正说明青铜器的用法发生了改变，从而也产生观看方式的变化，特别是视觉上。西周中期开始，礼制渐趋完备，要求也更具体而复杂，以列鼎制为代表的铜器礼制化也予以形成，从而改变了观看方式，"通过巨大的数量和体积，由远距离达到其效果。它们的表面不再装饰极小的细节"[①]。而商代晚期的铜器，还要承担沟通天地的道具，所谓三层满花的铺陈，亦是器具功能下的外在图像表达。而在这一意义下，商代晚期的铜器图像还有着更为丰富的特征。

---

① [英]杰西卡·罗森著，黄爱梅译：《是政治家，还是野蛮人——从青铜器看西周》，收入《祖先与永恒——杰西卡·罗森中国考古艺术文集》，北京：生活·读书·新知三联书店，2011年，第40页。

2. 铜器研究者

在当下,铜器被更为频繁地观看,这一举动多发生在青铜研究学者之中,则是因为社会分工以及学科分界的结果使然。这些学者的学术背景可能不尽相同,但都将商周青铜器作为研究的主要对象,与铜器产生一种"观看"的关系。因为铜器作为物品的特殊性,一般大众不易见到,或见而不识,真正意义上的"观看"也并不存在。我们这里所谈的青铜学者并不包括考古领域,因为现场发现铜器所产生观看较为杂乱,我们更将讨论的重点转向一种"室内"性的。当下的青铜学者缺少了如容庚、陈梦家等学者利用个人自藏铜器研究的条件或机会。更多的观看也多半是一种公共或半公共性质的,不如前者有种私密性,或者将私密性公之于众的先期愉悦。于是,留给当下的学者的观看优势并没有多少,也就是说能够看到的并不多,需要他们利用更多学术资源和成果,处理有限的发现。这也在一定程度上说明当下的学问不重在发现,而重在发现之后的解说。仅就目前状况来看,学者观看铜器有大致三种方式:一、参加专题论证。二、参与合作,进入铜器文物库房调研。三、观看展览。最后一种,与普通观众没有太多的区别,但试图观看得更为细致,特别是不被展出的背面,愈看不到愈想看。

我们再回到曾经讨论过的铜禁。对于铜禁的陈列感,可能是当时人有意识的行为。当时出土不久也专门特意摆在一个高台上,供人观看。但禁上的器物铜卣等器物毕竟不为一人所有,而是拼凑聚藏的,"器的铭文不一,花纹形制也不调和"[①],但并不

---

① 李学勤:《中国青铜器概说》,北京:外文出版社,1995年,第65页。

对"观看"造成障碍,或者说这些铭文、花纹的异同并不是观看的重点,更看重营造一种烘托的气氛。而到了公元2014年冬季,这组铜禁及其器物再次回到国内的时候,站在铜器面前的中华人民共和国的普通观众对这组器物的观看较之早先的清朝官员并没有发生本质上的区别。那么,这前后的观看将会产生多少差别。雷德侯通过铜器被用作礼仪活动的性质,对铜器的观看场景做了一个判断,"这些礼仪活动,在某种程度上,是不公开的。铜器纹饰的错综复杂暗示其必须就近观赏"①。他所论述的对象并非是这组器物,我们能够借此解释这组器物虽然花纹形制不够统一,但还是能够产生观看的效果。况且在上海展览时,有一件铜觯因为保存状态的关系,没有来华参展。不过,雷德侯提出的这个"就近"的程度该是如何,需要进一步的讨论。而他所采用的"观赏"措辞,是目前最能够体现铜器及组合的观看意义的。之前青铜器学者常用的一个词汇是"陈列",这个词固然科学,但也不幸地帮助人们忽视掉青铜器的"观"、"看"之道。观与看是两种不同的行为状态,我们之前也费了不少笔墨试图剖析两者存在的异同,"在真实的形象,展示(而非表现)现实的形象以及作为表达真实意义的形象之间有一种无法割断的联系。图像即现实"②。我们也将不同的观看方式做了简要分析,旨在说明观看的方式有所改变,所讨论的图像的含义也可能会发生转移。而至于铜器的观看方式以及预设的观者,亦将会影响对铜器图像的理

---

① [德]雷德侯著,张总等译:《万物》,北京:生活·读书·新知三联书店,2005年,第43页。
② [美]安乐哲(Roger T. Ames),"Meaning as Imaging: Prologomena to a Confucian Epistemology"in Culture and Modernity. ed. Eliot Deutsch(Honolulu,1990),p.227-244.

解。而对青铜器的研究中引入"观看"的概念是非常有益的尝试，但对于青铜器的"观看之道"的理解还是要审慎些，至少要辨析出铜器于当时的"观看"视觉之理。

原文以《铜观之道（间）》为题，发表于《观看之道——王逊美术史论坛暨第一届中央美术学院博士后论坛文集》，上海书画出版社，2017年，本文略有删改。

园林中的金石

园林，是中国中古以来建筑艺术集大成者。尽管在唐代之前，早期园林已经蔚然可观，如汉武上林苑、晋石崇金谷园，但彼时的园林更为宏观，取意天地之宇。中古之后的社会的"唐宋变革"之论虽近来新有反思，但园林的格局，却随着家具、建筑等技术的逐渐提高，逐渐地隐沦于建筑之中，成为木架构建筑群落的附属品。在技术提高了园林发展动力的同时，也在其中强烈地孕育了"享乐"的现世情怀。这种享乐情怀不应受到传统儒家的道德批判，因为在世界文明范围之内，园林就天然地带有世俗的享乐色彩，在这古埃及的新王朝时代也可见一斑，[①]尽管埃及在园林的态度上部分存有矛盾：一面是虔诚敬神的态度，一面是舒适休闲的追求。这种矛盾性在中国园林中也有若干体现，并且是两系化的呈现。一则，在上古园林的天地观念中不可避免地存有敬神的态度；二则，唐宋之

---

① 参见［英］弗兰克·理查德·考威尔（F.R. Cowell）著，董雅、初冬、赵伟译：《作为美术的园林艺术：从古代到现代》，武汉：华中科技大学出版社，2015年，第15页。

后，特别是私人化的园林，是儒生或是官吏的园林，可以使得园林的主人在儒业之外获得世俗化的愉悦。然而吊诡的是，在第一则中，早期园林中逐渐弥漫起神仙崇拜，使得求仙长生成为原初的享乐基调；在第二则中，这种潜在的享乐行为并未受到道德上的苛责，反而成为一种士林时风。园林的双重矛盾看似不悖，似乎存在着某种调节的阀门。换言之，在园林充当现世享乐之所的角色外，一定还有经世或求长存的色彩。

这种经世色彩对于园林——一个非常实在的场域而言，其概念过于变动，甚至难以捕捉或觉察。我们将借用"金石"这个词，对这种意象有所表达。"金石"作为"金石学"的对象，通常是指铜质或石制的古物，其中铜器、镜币、碑石、墓志、造像、砖当不一而足。然若将其概念向外拓展一下，人们经年著录把玩，发现了金石可以不朽的特点，这是凝结在金石之上的物理特性，但人们一经发现，就将其抽绎并赋予寓意，如"金石寿"。

艺圃　张翀摄

这种做法使得我们的题目能够成立，讨论变得落在实处，更为难得的是对园林的考察不仅保留了景观性质的图景，也可以微观至带有金石性质的图像。

一、园林中的"石"

尽管园林中的植物对园林的空间营造有着软性的魔术之手，"园林艺术是时间与空间的造型艺术，而园林植物不仅具有丰富的时序变化，赋予了园林以四季不同的风貌，而且也是构造园林空间的要素之一"[①]。但园林植物因四季更替的变化，更让人看到时间的流逝，并感怀身世，不过植物并不承担园林结构的问题，只是点缀，或是构成视觉上的和谐。而晚近出现的盆景则是利用植物来与时间的一种对抗，不在我们讨论的范围之内，此不赘言。假若在四时花草中出现赏石的话，则就增加了持久、恒常的特征，甚至有叠石造园之谓，"扬州秦氏意园小盘谷之黄石假山为石料少之叠法的典例。其叠山一丘一壑，皆师法造化，深究云林画意，天真平淡。着墨不多，脉络自清，蕴藉而耐人寻味。苏州环秀山庄假山用湖石，洞壑幽曲，气韵纯厚，以大量之石，浑然天成，若非大匠，安能臻此。苏州环秀山庄，戈裕良所叠山，乍视之崇山深谷，仿佛费大量山石始能为之也。实则其巧在于以少量山石架空，内为洞壑，曲折幽邃，外之体形虽大，而中虚也。此真大匠之手笔，既节约用材，又因材致用，而作品极精妙，其山势之迫人，流水之萦回，变幻万千，非寻常叠石

[①] 赵爱华、李冬梅、胡海燕、樊俊喜：《园林植物与园林空间景观的营造》，《西北林学院学报》2004年第3期。

环秀山庄假山

之可比拟者。因知作品之高下,不在用石之多少与石材之精芜,而在于能手耳"①。意园、环秀山庄皆是叠石造山的佳作,因为洞壑设置巧妙,极富气韵,使得石在不经意间转换成山。名家高手的叠石使人在不易觉察之间以石的尺度就感受到山的气象。这在不经意间暗合了园林的缘起与流变,魏晋时期是以庄园为山林,是自然山林最大程度上的对照。魏晋时期的园林又称为山水园,与当时庄园山墅的关系密切,这种带有自然主义的园林亦影响着后世的造园。②庄园也提供可能的大型空间,供以"共为筑室,聚石引水,植林开涧,少时繁密,有若自然"。将自然状态的山水"搬移"于自己可以随时游玩范围内,深层意识中不免有着升仙的愿望,兼达隐逸与长寿的目的,从而也规避了进入自然山林

---

① 吴令、张帙:《峰岚纷布置巧匠出心裁——记园林叠石及叠石名家》,《东南文化》2001年第6期。
② 参见汪菊渊:《中国古代园林史》第四章"魏晋南北朝时期的园林",北京:中国建筑工业出版社,2006年,第69-105页。

谢时臣《文会图》(局部)

的危险与困难。①造园是一种平衡及变通的手法②,是顾彬所言的"东晋开始中国的有教养阶层就已开始从荒野向田园撤离"③的折中表现,之所以会出现这种曲折的表现,皆源于人内心的需要。"多聚奇石,妙极山水"④是当时营园的手法和崇尚,但无意当中开启了后来唐以后的小型或微型园林的方便之门,因为石头的介入,以石代丘,使得在地广的庄园之外,还能产生一种邸园,是财力较小的官吏文人在宅边较小的空间内,运筹营造,获得山水之趣。⑤谢时臣《文会图》绘制了松树下的太湖石,旁有一位文

---

① 万木春:《远离山水:中国古代山水观的一个侧面》,《新美术》2014年第9期。
② 耿刘同:《中国古代园林》第四章"古代园林中的文化价值"的"古代园林与自然山水"节中也有所提到,北京:商务印书馆,1998年,第125-130页。
③ [德]顾彬(Wolfgang Kubin)著,马树德译:《中国文人的自然观》,上海:上海人民出版社,1990年,第118页。
④ (梁)萧子显撰:《南齐书》卷二十《文惠太子传》,北京:中华书局,1972年,第401页。
⑤ 程里尧:《文人园林的发展——造园是体现澄怀观道的山林生活》,《中国古建筑大系4·文人园林建筑》,北京:中国建筑工业出版社,2010年,第115-128页。

士，回首呼唤童仆，画意隐然有在山丘登临的意味。但是从湖石的外形与窍孔的形状来看，这确实又是用于园林中的赏石。

于是，内外、大小都可以发生一种转换。这种意象的营造也使得客观园林发生了尺度的缩小，进而也带动了园内景物的尺度的暗转，再进一步缩微，就有了案头赏石。案头赏石、园林叠石、林间泉石构成了三级不同的尺度，不过案头赏石仍以为山的模型，从可游而至可观。如太湖石，"最高有三五丈，低不逾十数尺，间有尺余，唯宜植立轩槛，装治假山，或罗列园林广树中，颇多伟观，鲜有小巧可置几案间者"①。赏石因为石材的缘故，用途不一，不过并不能说人们只看重掇山的大型石材，而是依材量用，如耒阳石、襄阳石、吉州石、黄州石、石洲石、六合石等都是专门用以案头清供。特别是英石，在采凿过程中就专门考虑到案头之用，"采人就水中度奇巧处凿取，只可置几案"。这么一来，金石气亦就生长起来。在暂不考虑石材的差异之下，园中的赏石发生缩微，并进入到室内，成为案头清玩，更有甚者有以此来作为摹绘山的模板。我们不太肯定留园五峰仙观内

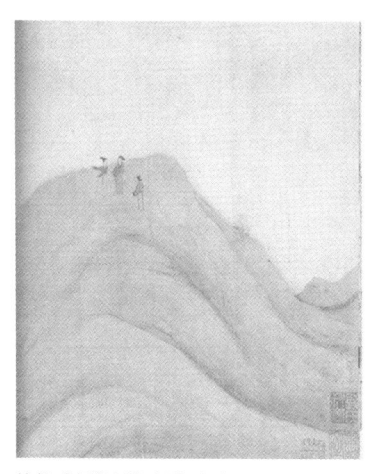

钱穀《秦淮冶游图册》（一）

---

① （北宋）杜绾：《云林石谱》，丛书集成本，北京：中华书局，第二页。

外的赏石是否为原构，特别是室内中堂那一尊文石。但从谢环《香山九老图》中，室外一座带有孔窍的赏石，室内在一张高方桌上放置一方微型的赏石，从线条及墨色浓淡来看，两者似乎是一种石种。置石的习惯早在曹魏时期就有，这一时期园林中的风景（landscape）尚还保留着自然山水浑茂气息，使得园中之石也多带有天地的大格局。中唐之后，士人园林开始向"壶中天地"发展，使得对"石"更加偏爱，甚至发展到以怪石为尚的极致喜好，这显然是对士夫性格的自我标榜[1]，但也为之后的文房赏石大兴埋下了伏笔。因为怪石对于园林有一种天然的匹配性，同时也因"奇""绝"的怪异形状，使得尺寸可以向更为微小的环境发展，汉武帝时昆明湖中的石鱼是无法被"壶中天地"式的园林

留园五峰仙馆外的赏石

留园五峰仙馆内景

---

[1] 参见王毅《中国园林文化史》第六章《中唐至两宋园林》，上海：上海人民出版社，2014年，第122-154页。

谢环《香山九老图》（局部）

所容纳的。元次山有一首诗《宛樽诗》，"巉巉小山石，数峰对宛亭。宛石堪为樽，状类不可名。巡回数尺间，如见小蓬瀛"[1]，可见怪石用数尺的尺度来模拟"蓬瀛"，在崎岖嶒嵘间，可以对山峰亭阁云气进行模拟，甚至是想象。由此看来，当从自然"推进"到数尺之间的怪石后，那么再进一步缩小也应不是难事，毕竟在尺余间的奇石才有具备"金石"的考察，因为需要解决传拓的技术性问题，"英石出英州，倒生岩下，以锯取之故，底平起峰。高有三尺及寸余者，小斋之前叠小山最为清贵，然道远不易致"[2]。我们现在来看，英石"底平起峰"的特点使得很快变为案头清供，其尺度固然有高三尺者，但还有更小尺寸的可能，比如小至寸余者。网师园万卷堂正中的桌上也摆着一块赏石，恰巧在悬着一幅画着松树的中堂，如果二者都是原配的话，纸质的画与石质的赏石共同组成一幅松下赏石的图景。中堂右下角有一片留白，恰好可以

---

[1] 杨家洛主编：《中国文学名著》第六集《新校元次山集》，台北：世界书局，1984年，第41页。
[2]（明）文震亨著，陈植校注、杨超伯校订：《长物志校注》，南京：江苏科学技术出版社，1984年，第112页。

"容纳"真实的石体。

王毅认为明清园林的尺度更小,是一种"芥子"式的空间营造,这就与残碑断砖的"金石"有着相同的气质,两者无一不

网师园万卷堂内景

在流露出"废墟"的气息,似乎在跨时空回应着园林的前身——丘。碑石本身即是对前代文化的另类文献记录,甚至有将文字符号物质化起来的可能,但后世看到前代的碑石往往有所损坏,所谓"雨淋日炙野火燎",叶昌炽更说古碑有七厄。[1]这样也就出现一种矛盾,即碑石刻字本为了传播,但反复棰拓却是对碑石有所损伤。这样,在碑上也就人为地带上了某种废墟的色彩,而所谓"墟",巫鸿认为是从丘中衍生[2],这与园也并不矛盾。因为唐之前的园林是一种园囿形式,附属于都邑宫殿的建筑群落的。李格非《洛阳名园记》有论,"方唐贞观、开元之间,公卿贵戚开

---

[1] (清)叶昌炽撰、柯昌泗评:《语石 语石异同评》,北京:中华书局,1994年,第530—532页。
[2] [美]巫鸿(Wu Hung)著,肖铁译、巫鸿校:《废墟的故事——中国美术和视觉文化中的"在场"与"缺席"》(A Story of Ruins: Presence and Absence in Chinese Art and Visual Culture),第一章《废墟的内化》"丘与墟:消逝与缅怀"节,上海:上海人民出版社,2012年,第20—30页。

馆列第于东都者，号千有余邸。及其乱离，继以五季之酷，其池塘竹树，兵车蹂践，废而为丘墟"，当时洛阳诸公园池凡十七处，然李格非论曰则以"洛阳处天下之中，挟崤渑之阻，当秦陇之襟喉，而赵魏之走集，盖四方必争之地也。天下当无事则已，有事，则洛阳先受兵"①破题，足见先前园囿宫室都邑为一体。李格非之女李清照与赵明诚共同编撰《金石录》，著录金石两千多通碑录。他们的收藏活动开始于赵明诚在太学做学生时，假日在相国寺购市碑帖，然而他们大规模的收藏著录活动则是在他们屏居山东青州的十年里。②尽管现在尚未有更多的材料能将他们所居的"归来堂"与园林（池）联系在一起，但"归来堂"也并非只是简单一屋，否则无法在归来堂上"起书库"。我们如果在此做一个大胆的推想，如果他们具有一个小型院落的话，这样石碑及衍生品拓本就会与园林发生微妙的联系，尽管石碑大多没有发生物理上的位移，"石碑虽然大多留在原地没有移动，但是学者书房里进行的脑力生产无疑丰富了它们的意义。有意思的是，虽然碑铭拓本的每一个细节都因其历史信息的价值而被仔细研究，荒野中的石碑却作为一个整体而开始获得宏观历史的象征意义"③。巫鸿对荒野之碑保持着持续的注意力，但我们更关心书房内的生产。因为"书房"这个词并非如现代学者一般在单元房内独辟一间的格局，其中原因是出于对原文"studio"的回译时稀薄掉原

---

① （宋）李格非撰，（明）毛晋订：《洛阳名园记》，松本幸彦1829年重校刊，页十二、十三。
② （宋）李清照：《金石录后序》，《李清照集校注》，北京：人民文学出版社，1979年，第177页。
③ 巫鸿：《废墟的故事——中国美术和视觉文化中的"在场"与"缺席"》，第41页。

燕南园之碑　张翀摄

初的中式含义。当然，此词的英文解释也可当作是从事艺术研习的场所，那也是非"房"之所限。李清照词曰："芳草池塘，绿阴庭院，晚晴寒透纱窗"[1]，似乎也能看出园林的意象来。虽然不能凭此套来硬证归来堂的规模，但从这阕词中，我们认为他们青州居所带有院落是有可能的，从而具备了露天的私密场所。于是，碑石又回到了露天，这是另外一种意义上的"荒野"。笔者曾偶经北京大学燕南园，不大的庭院群落间矗立两碑，其碑文不是我们需要考察的重点，主要可以切身体会碑经过转移，其环境发生变化后，意象随之发生变化。经历这个过程之后，环境变得缩微许多，材质也从石质向纸质转变。这不仅是对石质对象的浓缩[2]，更在于是对物性的拓展，将原先不可再次书写的碑石铭文转变可一再题跋加写的新一种形式，更符合园林的气质。荒郊读碑与园中赏拓，这两者的活动与环境如此丝丝入扣，相得益彰。特别是后者，拓片在园林中得到升华，并为后世的金石书画的新形式提供了可能。

---

[1] 李清照：《金石录后序》，第177页。
[2] 巫鸿：《废墟的故事——中国美术和视觉文化中的"在场"与"缺席"》，第61页。

谢环《香山九老图》（局部）

二、园林中的石质家具

当书画碑石从书房移出，暴露在园林之中，人们在天光中停留的时间变多，使用必要的家具变成一种适当的需要，"为了博古赏画，将黄花梨硬木家具移至户外虽非难事，如在园林中使用更为永久的陈设，则更为简便"①。如果是偶然性地在园林中观赏碑石，当然也包括游园性质的活动，临时性会使用一些木质家具。但当这种活动变成一种经常性质之后，就需要在园林中放置不用挪移的家具，以供随时使用。这样一来，室内惯用的木质家具在室外的园林中容易遭受日晒雨淋，变得不实用起来，石质家具就顺势出现在园林中。当然在现代化的公共园林中，座椅的设计更注重舒适与保暖性②，则另当别论。特别是在私家园林中，便易程度还是最为看重的，毕竟从室内取来坐垫要比摆出木质座椅

---

① 茅为清、陈仁毅：《卧云观石》（Permanence：Classical Chinese Stone Furniture）之《前言》，Katy Hsiu Chien，Art & Collection Co. Ltd，2003年，第3页。
② 徐小莲：《中国园林景观中的座具研究》"园林景观坐具材料"，苏州大学硕士学位论文，2012年，第47-51页。

方便得多，而在现在公共园林景观中选择更适合人直接坐靠的器具材质，避免人携带坐垫，也是出于人们往返方便的考虑。《香山九老图》中在一株老梅下，设置了一座石桌，旁设四个石凳，另与旁边的丹鹤仙禽、远端的碎石小路搭配，十分和谐。而在另一端的茅亭中，一小童在搬两件内翻马蹄木凳，显然是从室内搬出，在茅亭中暂时停坐休憩，童仆微露疲累甚至不耐烦的神情。人类的伟大之处就在于能够创作出一切可以偷懒的机会，园林中的石质家具即是此例。笔者居住小区单元门口的石质护栏，被人放上了废弃木沙发的椅面，一则说明人们在院子里是需要一个常设坐具设施，二则石材要比木材更耐久一些。

石质家具较为早期的形态可以在《听琴图》中看到，用以放置香炉的那尊石座。但因只是放置香炉，并非是与人们起居坐卧有关的家具，似乎也可以认为只是随手放置，不是专用之具。但考虑到石座的造型显然是经过刻意雕塑，又居于画面的居中偏下的地方，似乎也存在是类似室内木质香炉案几的室外形态的一种可能。在更早的《文苑图》[①]中松下有一文士凭靠用片石叠成的座石中，手持笔纸，稍低位置的石上放置两方石砚，

笔者小区石护栏的改造座椅　张翀摄

[①] 本图藏于故宫博物院，与藏于美国大都会艺术博物馆的《琉璃堂人物图》的关系微妙，特别是《琉璃堂人物图》包含院中文会与堂中雅集，谷卿曾做过一些梳理工作（谷卿：《追忆或构想："琉璃堂雅集"的真相》，《中国书画》2017年第5期），我们只观察室外场景这段，若不考虑琉璃堂雅集究竟是哪次具体的集会以及其真实性，只考虑图中人物及其姿势与绘者关系的可信程度。

《听琴图》

一小童附身在抄手砚上研墨，另一方风字砚暂时闲置。这两座高低错落的园林赏石，石面都很平坦，可视为家具的替代品。因为石质家具的初衷就是在园林中取代木作家具，所以在样式上对木作家具由衷且近乎逼真的仿作也不足为奇。当然这里面还存在一个隐性的制作习惯，及晚唐以来的砖室墓中出现的仿木构的风气。这种地下空间的营造风气使得工匠仿木技艺日渐娴熟，也很容易转移到地面上。与宋金仿木构砖室墓的"事神"意味①不同的是，园林中的石质家具更多的是呈现世俗的实用功能，并要能与周围花卉、湖石融为一体。石质家具作为园林中的常设之物，既是有实用功能的器具，也有在景观中点景的妙用。它的使用程度远比我们所认为的要大得多，以往我们受到思维定势的限制，认为家具常是木质的，石质也多为建筑附件。事实上，石桌、石椅、石凳是园林中的常设家具，"石制家

周文矩《文苑图》（局部）

---

① 吴垠：《仿木建筑的"事神"意味——以稷山马村段氏家族墓及晋南金木为中心》，载中山大学艺术史研究中心编：《艺术史研究》（17），广州：中山大学出版社，2015年，第101–142页。

有束腰马蹄足长方条凳

具既有辅助作用,也可用作园林大众的主要家具"[1]。不过,遗憾的是,因为重视不够,石质家具的实物材料鲜有收集和整理,甚至遭受相当程度的散失和破坏,以至于我们很多时候需要借助绘画材料加以讨论,"无论是描绘想象的文人聚会,或是记录真实具体的聚会,都证实了文人雅士在品玩古物时使用石制家具的事实"[2]。需要指出的是,石质家具的源流之一,可能与隋唐前后的西域居华人士的石质葬具有关,不过石棺、石榻并不会与园林中的石家具产生直接的联系,但材质转换的多种向度则是需要我们思考的,它们似乎共同营造一种"长生"的意蕴。

严格说来,长生是现实声娱之外的过度追求,可以从人的生命转移到物品用具上。木质家具给人舒适之感,但在使用过程中仍需要加以维修。假如由室内转向室外,环境转为恶劣,家具在保证一定舒适度的前提下,追求更可靠的耐久。仿木石质家具不啻为一种求"长生"的折中方案。我们之前提到的墓葬中仿木手法,但在17世纪开始,仿木雕石开始出现在地上,成为园林中

---

[1] 江文苇(Dvaid Ake Sensabaugh):《刹那中之永恒:中国石制园林家具》,刊《卧云观石》,第18页。
[2] 安思远(Robert H. Ellsworth):《卧云观石·引言》,第7页。

的家具。我们现在能看到束腰马蹄足长方条凳[1]，是来自17世纪福建作品。这件用青斗（绿辉）石雕凿的家具着意在模仿木质家具的特点，如凳面边缘做起线，成冰盘沿，下内有束腰，足部雕凿成内翻马蹄形。这些都是木家具的特点，被这件石凳全然模拟，尤其是还用线刻雕出足下方球。这一细节原本是室内木家具的防湿防污的设计，对室外石家具而言，显然是无用的附件。亦可知石质家具模仿木家具的程度。还有一件木身石面长方棋桌可视为石木结合之作[2]，桌面刻有象棋棋盘，盘下为榆木，两裹腿枨间有双矮老。这件不同于木家具镶嵌石材的设计，而是石木共同构建作品，石棋盘本身不怕雨淋，又为下面木支脚起到遮蔽，以防雨湿。在工匠的眼中，并没有太过强烈的材质区别界限，像这件作品的圆包圆的样式则是源自竹制家具的设计。

石质家具是文人在室外从事鉴赏的承托物，其鉴赏的一大内容就是以金石为题材的拓片、绘画等。以金石为题材在潜意识中表达了鉴赏者"长生"的诉求，而承托它们的石家具也是"长生"潜流之下的产物。于是，这些数重带有"长生"意味的器物或行为共同打造了园林的不朽之作，家具是固态的、物质化的，而附于其上的鉴古活动则是瞬时的、变动的。而作为近代都市的公园，园内常设的固定化的长椅凳子是作为休息处的必不可少的

---

[1]《卧云观石》，第76-79页。
[2]《卧云观石》，第122-123页。

木身石面圆包圆裹腿式长方棋桌

实用措施，①但在私人化的古典园林中，带有同样性质的石质家具并不存在太过明晰的设置思想，实用及功能设计甚至有时非常弱化，多数情况下变成点景的一种手段，后者似乎更为明确。不过，从另外一种意义上，当用石料模仿木质家具之时，园林中的坐具也就具有了"金石不朽"的意味，这与墓室的仿木构营建异曲同工，并且也有着具体及现实的"不朽"指向。当然这种指向是非常复杂的构造，具有隐喻及转喻的语法，以表达主人非常隐晦的心曲。禹之鼎《查澹远写经图》中将人物安排在一处石洞中，案几右旁设置一座仰俯莲的须弥石座，石洞与石座在气质上是合一的。但因石座上特意放置了菩萨骑狮的造像，两者尺度合乎程度很小，须弥石座就充当造像木底座的角色。两者石质部（构）件的气质开始发生违离。网师园梯云室的石庭就是用石头搭建一处

---

① [日]冈大路在《中国宫苑园林史考》（农业出版社，1988年，第8页）中很明锐地指出"中国古代绝未使用庭园和公园这两个词，而用园圃和园林等词表示这样的意思"。关于公众性质的公园与园林的差别可参看[日]白幡洋三郎著，李伟、南诚译：《近代都市公园史：欧化的源流》，北京：新星出版社，2014年。

禹之鼎《查澹远写经图》

洞穴，而在二层开有一门，即在石堆的顶部，人一出门即在"山"顶。上山与入地的建筑创意构成了归隐与神仙的变奏曲。

三、观赏金石的场所及记录

园林，是赏鉴金石的最佳场所之一。书房便于观赏金石拓片剪册页本，而全碑的整纸拓片不排除可以在室内展开，但室外展观还是更为方便，当然这种恐非是赏拓的主流形式。拓片作为碑石的复制手法，整纸全碑的拓片才是更接近原物。而吉金类文物的赏玩在天光之下则更具意趣，易东华在评价宋代文彦博所作的一首赏古饮宴诗说，"诗文与图像一起构造出金石曾经的'时空位置'"①。在文彦博的《外计苏度支示古铜器形制甚雅则书五十字还之》诗的尾联"水边林下清风处,长伴熏然醉玉倾"②似乎透露出赏古宴饮等一系列活动处于室外空间,易东华亦认为"元明以来,金石须臾未曾

网师园梯云室石庭

缺席于园林胜景和文人的雅集"③。谢时臣《名园雅集图》④室内外均有古铜彝器,但从细节而看,室内更多是存藏,而室外一矮桌上的尊、彝则是用来赏玩,矮桌前有一人展卷,似有著录的意思。虽然在《愙斋集古图》中看到主客是在室内的环境中观赏各种彝器,不过是绘者为了满足吴大澂的心中愿望才绘制的一幅图,因为是描绘了吴愙斋收藏的所有铜器,也就省略室外景致的描绘,将场景放在室内,仅用一两件点出室内环境。这种处理方式也由于是置于《愙斋集古录》之前而采取的,卷后是所藏铜器

---

① 易东华:《西园陈古——嘉祐前后雅集中的金石》,《新美术》2012年第2期。
②(宋)文彦博:《文潞公文集》卷四页四,宋集珍本丛刊第五册,北京:线装书局,2004年,第287页。全诗为"古鼎良金齐法精,未知何代勒工名。更须梓匠为岛构,堪与仙翁作酒罇。涤濯尚应劳犊鼻,腥膻不复染羊羹。水边林下清风处,长伴熏然醉玉倾"。
③ 易东华:《西园陈古——嘉祐前后雅集中的金石》,《新美术》2012年第2期。
④ 粤1-0081,《中国古代书画图目》(以下简称《图目》)第十三册,北京:文物出版社,1990年,第63、335页。

《愙斋集古图》（局部）

的全形及铭文拓片。所以，这幅图更大程度上是带有炫耀的成分，实际上发生在室外空间的赏玩活动要频繁得多。不过，我们这个提法也并不绝对化，需要结合具体场景来看，如任熏《十二生肖图》第一开[①]，表现书房闹鼠（子），主人案头就放置一柄汉代常见的雁足铜灯。

只不过室外赏古活动是可以变动的，甚至是带有偶发性，不太容易得到图像上的证明，但酬记性质的诗文倒是有不少。如果真有所图影"实时"记录的话，首先应该考虑到在历代以鉴赏为主题的博古图或文会图，在这些图画上面能够见到文人们在园林中玩赏吉金彝器的图像。当然，并不排除出于设景摹绘的方便的考虑，将场景移至室外，甚至也有想象的成分，著名的《西园雅

[①] 津7-1816，《图目》第十册，第156页。

《西园雅集图》(局部)

集图》,就被人认为不是现实中存在的一场聚会。①但也有学者考证,认为是发生过的一场聚会。不过《西园雅集图》中出现的人物名头都很大,很难说没有夸张的成分,但是后世竟然出现了很多西园雅集的摹本,不得不说是一种文化现象②,特别是明人所绘的题为西园雅集的作品上已经出现不少古铜彝器。这种文化现象在明代非常兴盛,出现了至少二三十幅明人绘的博古性质的图画。③杨小军进行过整理工作,如仇英《竹院品古图》、尤求《品古图轴》、张翀《育鉴图轴》、崔子忠《桐荫博古图轴》、杜堇《玩古图轴》。他特别提到曾经被认为是宋画的刘松年《博古图》④、钱选《鉴古图》⑤以及佚名的《宋人博

---

① 衣若芬:《一桩历史的公案:〈西园雅集〉》,《中国文哲研究集刊》第十期,1997年,第221—268页。
② a 孙真真:《明代中后期"西园雅集"题材流行的原因探析》,《文学界·理论版》2012年第5期。b 郑艳:《明代中晚期博古题材在中国绘画中的表现与成因——以苏州和南京为例》,中央美术学院硕士学位论文,2007年。
③ 杨小军:《"博古图"的视觉化——从著录到图绘》,http://www.bjartmuseum.com/dswhb/610.htm。
④ 台北故宫博物院编辑委员会:《故宫书画图录》第二册,1989年,第111、112页。
⑤《故宫书画图录》第二册,第271、272页。

杜堇《玩古图》(局部)

古图》①，实际上为明人所摹。另外，他还注意到有不少只有著录未见有实物的情况，如《宝晋英光集》提到的《西园雅集图》、《珊瑚网》著录的陈宪副《东坡博古图》等。

我们注意到，此类绘画作品的画题通常是博古、鉴古、玩古，或者是与此主题相关的词汇，如文会、雅集、行乐等。在画

①《故宫书画图录》第三册，1990年，第245、246页。

面内容上，杨小军注意到湖石、芭蕉、松竹等构图元素多为室外园林环境中的。我们将在他的研究之上，再做点收集工作。不过单纯湖石图，以及"钟鼎插花"近乎绘画的一种文化活动不在我们考察的范围。首先，发生在室外园林环境中博古的作品还有谢时臣《文会图》[1]、曾鲸和张翀合作的《侯峒嶒像》[2]、王云《西园雅集图》[3]、范润《八子捡玩图》[4]、长荫《行乐图》[5]、王鉴《白描人物》册页第14与20开[6]、任颐《焚香祝天图》[7]、姚仔《博古图》[8]等、陈字《煮茶图》[9]、徐玫《晾曝图》[10]。此外，还有画题可能是园林玩古性质，但未见原画的，如王重《文会图》[11]、陈卓《博古图》[12]、涂岫《雅集图》[13]、蒋峰《宋贤捡玩图》[14]等。

其次，博古图绘非常着意地规划室外的空间，营造室外景观。据我们所看到的上述图画而言，几乎都在摹绘室外景色。杜堇《玩古图》在大树旁出现的大型屏风，就是将室外空间围定，

---

[1] 沪1-0796，《图目》第三册，第57、342页。
[2] 沪1-1514，《图目》第三册，第318、360页。
[3] 晋1-111，《图目》第八册，第138、325页。
[4] 津1-20，《图目》第八册，第167、329页。
[5] 津2-140，《图目》第八册，第222、333页。
[6] 津6-042，《图目》第八册，第268、269页。
[7] 辽2-448，《图目》第十五册，第319页。
[8] 津7-1405，《图目》第八册，第181页。
[9] 浙3-23，《图目》第十一册，第175、323页。
[10] 辽1-486，《图目》第十五册，第174页。
[11] 苏10-314，《图目》第六册，第396页，扬州博物馆藏。
[12] 津2-106，《图目》第八册，第322页。
[13] 冀1-174，《图目》第八册，第314页。
[14] 浙4-116，《图目》第十一册，第327页。

谢时臣《文会图》(局部)

比较注重私密化。姚仔《博古图》也使用这一手法，但画面右下角的虬松、修竹、横梅无一不是室外景致，但与屏风、围栏共同构成了一个较为封闭的空间。在这种空间内，主人既在天光之下，又有在玩赏铜器得到一个安全的心理暗示。谢时臣是不大刻意在室外营造这种封闭空间（见《文会图》），但会在人物近处绘制树木[1]，构成一种类似"封闭"的视觉效果。在博古题材以外的作品，谢时臣也有在视觉中心处画树，如文会题材。有一部分文会题材更倾向置于建筑内，不过这些建筑通常会具有一定的半开放性，如亭榭、草堂等性质的建筑。博古性质的图绘则愿意在更开放的空间中。陈字《煮茶图》虽然全然不绘场景，只是重点摹绘童仆煮茶及相关器物，但从画面居中的石案等，似乎暗示着在室外煮茶的活动。其中更有意思的是陈字款题"陈无名写于清园之怀古草堂"，可见当时就在一园林中绘制而成。

---

[1] 沪1-0796，《图目》第三册，第56页。

孙位《高逸图》(局部)

    再者，室外玩古是活动的重点，也就是活动的主题性。博古图的形式与明人崇尚好古赏鉴有直接关系，也与此衍生的收藏市场有关，但其本身的文化渊薮则来自宋代，也许会更早。在孙位《高逸图》中[1]，我们可以在主要人物旁看到两件器物，一件是罐，另一件是盏托或香薰，暂时看不出什么材质，虽为当时的形制，但从罐上过分复杂的纹饰看已初具赏玩的性质。元刘贯道《消夏图》[2]中的器物也并不是古铜彝器，但这些为数不少的雅器从室内搬到室外，并加以陈放，一定是有着特定的意义的。过去曾经被认作宋画的《博古图》《鉴古图》《宋人博古图》，现在看来应当是明人所作。如果

---

[1] 沪1-0015，《图目》第二册，第346页。
[2] Eight Dynasties of Chinese Painting:The Collections of the Nelson Gallery-Atkins Museum, Kansas City,and TheClevel and Museum of Art,Published by The Cleveland Museum of Art in Cooperation with Indiana University press, 1980, p.113.

排除在文物市场上托古善价的成分，还是存在有对照前代的痕迹的。我们仔细看《博古图》中桌上的铜器，器种有四足方鼎、三足圆鼎、鬲、簋、盉、尊、方壶，也有秦代的蒜头壶、汉代的鐎斗比较偏晚的器物，尽管尺寸不一定如实般准确，但彼此之间的比例还是适当的，四足方鼎西周初年也有偏小化的制造，而尊一般则是较大型的形体。尤其是一件二里冈时期的高领带足鬲，以及另一件鬲鼎，造型准确，特别是兽面的细节，都很如实写真，似乎有一个仿照的底稿。因为这两件器物都很特殊，或因为时代，或出于器形。如无可靠的底本，很难画到这种地步。在桌上的铜器中还有一件青铜马具。这件銮铃属于车马器，在好古崇礼的古器收藏的背景下，显得更为特殊。从比例上来说，尺寸比铜器还要大，不太合常理。特别是在其他器物的比例都很正常的背景下，似乎存在矛盾。对其合理的解释，应该是画家绘制这件青铜銮铃的时候，可以对照实物。而其他器物则是二次仿临，这种不同复制（仿写、临摹）共同组成了一幅完整的图像，当然我们讨论的都是现在这张博古图的前身（如果有的话），而此明代摹本就把这种不同次序模仿所形成的大小不一的比例全然复制过来了。杜堇《玩古图》中出现一件属于商代中期之前的高领袋足铜鬲，其中一人手拿器盖试图掀起。从我们现有的古代青铜器知识而言，这种高领带足鬲是没有器盖的，即便是有也不会是如图所绘的带有隆起的盖子。如果不是臆想之作的话，则反映出明人对古代铜器的理解。

之所以铜器会有如此逼真的状态，主要原因是在明人的收藏体系下，铜器占据首先地位，在玩古图画中，也愿意尽可能如实地记录之。反映在画面上，古铜也常处于一个非常有利的位置。如陈洪绶《蕉林酌酒图》，男性主人处于画面的中心位置，在芭蕉树下，大石案旁持犀角酒杯独酌。从人物的目光神情来看，似乎是在端详那只犀角杯。一只古代三足铜鼎，正处在他目光的延长线上，且放置在老树树根做成的案几上，在画意统一协调之余，还有几分"抢戏"的味道。从某种角度上，也可以理解成主人公一面观赏古铜彝器，一面独斟自饮。谢环《杏园雅集图》描绘的是以杨士奇、杨荣为首的文人官员在室外雅集的情状，并出现了罗汉床、桌椅等主要是室内家具及其文房道具，于此其中也出现了古铜彝器，但众人的目光均未朝向这些器具。这场聚会有着重大的政治隐忧，他们是无心做到真正的游园，那些家具也应该是专门从室内搬出，为了绘画的缘故体现庄重性与戏剧感。①

最后，我们注意到博古图的性别问题，即金石收藏赏玩是男性文人及官员的文化游戏。杜堇的《仕女图》长卷，其尺寸为30.5厘米×168.9厘米②，大规模呈现出园林化的场景，但并无金石性质的文玩古物出现。仇英两件反映女性园游题材的《采莲图》③《吹箫图》④也没有出现金石古物。清人丁观鹏《乞巧图》⑤同样具有很强的女性色彩，其场所也多在室外庭院中，并出现了湖石等园林因素的物体，却没有出现古铜彝器的身影，而且在"乞巧"活动中应该备有的陈设器具，也多以为瓷器为主。在钱毂的《秦淮冶游图册》中，男性之间的宴饮场景中，出现了可能是

---

① 尹吉男：《政治还是娱乐：杏园雅集与〈杏园雅集图〉新解》，《故宫博物院院刊》2016年第1期。
② 沪1-0435，《图目》第二册，第245-247、358页。
③ 沪1-0822，《图目》第三册，第66页。
④ 沪1-0819，《图目》第三册，第66页。
⑤ 沪1-4014，《图目》第五册，第311-312、468页。

陈洪绶《蕉林酌酒图轴》

钱毂《秦淮冶游图册》(二)

钱毂《秦淮冶游图册》(五)

宫廷佚名画家《十二美人图》之一

古铜的器物。再退一步讲，若这些只是模仿古铜形式烧制的瓷器，那也只是反映出好古的心理。但场景一转，男性与女性相坐饮乐，却没有出现带有几千年前气息的器物。在宫廷性质的图画中，女性才与古铜彝器有了联系，如宫廷画家绘制的《十二美人图》中的一帧，女性坐于湘妃竹玫瑰椅上，身后的博古架摆着钟、觚以及秦汉时期的扁壶。不过诸如麻姑献寿、李少君[①]等神仙题材则有例外，会出现铜器，应视为神仙与金石共同构成长寿的意象。《十二美人图》则不能解读成女性主义的绘画，反而从作品的形式、作者以及画中的名物——湘妃竹，都将引向男权的范畴，尽管所绘的是"美人图"，但反映的是男权对于女性的压制[②]。何以出现了古代铜器，可能是为了体现政治与财富；尽管有女性形象，但其反映的也是男性化的审美。

与室内相比，园林是一个更为开放的空间，也正因如此，园林的性质更为模糊，介乎私密与公共之间，这也暗合了早期人们对于自然山水的态度。除在空间上，其制作技术与手法，也有自然与人工上的暧昧，并由此延伸至园林中的假山石头，"看似是天然的形态，像是一件被偶然'发现'的物品，但它实际上是经

---

① 承李小璇博士告。
② [美]乔迅（JonathanHay）著，刘芝华、方慧译：《魅感的表面：明清的玩好之物》（SensuousSurfaces:TheDecorativeObjectinEarlyModernChina），北京：中央编译出版社，2017年版，第396页。

过了工具故意的裁割和变形创造出来的一种模棱两可的形象"①。而在这样模棱两可的空间或意境中，人们玩赏古铜、碑帖，其心态也由此产生变化。

叠石赏石、古铜彝器以及碑帖拓片，并由此产生的活动，均发生在园林中，并由此涌现出众多的赏石诗歌②。可见园林的重要性，无论从空间的提供，还是意境的营造，乃至现在我们所进行讨论的意象，绝非是用建筑或建筑群落等概念所能概况的，它们有着相当紧密的文化语境（culture context）的。具体到园林的建筑属性上，其营建必是费时费工费财，而又往往几代易手③，尽管凭借实景留有不少的绘画作品④，但真正能让园林不朽的还应是这些赏石、古铜等带有金石气息的物件。不过，事情往往有趣就在于并非真如原来的模样。游园本身是一种现世的享乐的活动，可能从造园动土时就开始了，而品鉴文石或是古铜等带有文化资

---

① [美]乔迅（JonathanHay）著，刘芝华、方慧译：《魅惑的表面：明清的玩好之物》（Sensuous Surfaces: The Decorative Object in Early Modern China），北京：中央编译出版社，2017年版，第95页。王正华：《艺术、权力与消费：中国艺术是研究的一个面向》第五章"余论"中"女人、物品与感官欲望：陈洪绶晚期人物画中的江南文化的呈现，杭州：中国美术学院出版社，2011年版，第196-256页，有关于绘画与女性关系的讨论。
② 详见[美]杨晓山著，文韬译：《私人领域的变形：唐宋诗歌中的园林与玩好》（Metamorphosis of The Private Sphere: Gardens and Objects in Tang-Song Poetry），南京：江苏人民出版社，2009年。
③ 园林的营建及传承非本文重点，暂时不去讨论，关于名园的情况可参阅蒋晖：《园林卷子：古画上的园林往事》，苏州：古吴轩出版社，2016年。
④ 参见[美]高居翰、黄晓、刘珊珊著：《不朽的林泉：中国古代园林绘画》（Garden Paintings in Old China），北京：生活·读书·新知三联书店，2012年。

本的活动，除去炫耀之外，又能帮助主宾在因富贵而成的园林中达成"林泉之志"。园林不是真实的自然——特别是明清两代的园林——而是文人官员实力的体现，但转而借此表达更为高尚的意趣，隐逸返朴。不过，这样的志向太过缥缈，很难通过想象去完成，需要利用特定的道具。金石古物就充当这种道具，这种介乎实用品与艺术品之间的古物，可供人们进行不同程度的追摹，从而产生难以言说的文化快感。[1]崇古仿古的行为活动及审美意趣不啻为一座合适的桥梁，人们通过金石借以达到"不朽"。

本文撰写过程中，李小璇、刘晓达、王磊、易东华、谷卿、王泽文师友提出修改意见，或出示资料，谨表谢忱。

---

[1] [美]阿瑟·丹托（Arthur C. Danto）著，陈岸瑛译：《寻常物的嬗变——关于艺术的哲学》（The Transfiguration of the Commonplace）中言"意识到所发生的事情为摹仿的或非真实的，正式产生此类快感的前提。可见，这类快感具有一个特定的认知纬度，从而不同于大多数快感，甚至是男性最强烈的快感"（南京：江苏人民出版社，2012年，第18页）。

后记

自打近二十年前进入大学后，我就一直在逃，逃往人烟稀少处。彼时，考古学尚且不热，我亦欣然从学。硕士更是如愿转入文物学，跟随张懋镕师学习青铜器。硕士读完，形势大好，我心则偶有惶惶不安之感，进京在历史所挂单。混过数载后，辗转向美术史，攻读博士学位。当时，美术史还属于少为人知的领域，郑岩师略有打趣地说我是"转明投暗"。我亦有点沾沾自喜。可谁知"好景"不长，这两年的美术史又是一片大热。其实，也真就未必热到哪去，社会仍旧关注的是明星、真人秀。这等的外凉内热容易让人感冒。我怕感冒，于是我又要逃。

　　可是，我又能逃到哪去呢。我挑中一个灯下黑的地儿，从书名的《青铜识小》也看得出想选择古物、小学这等去处。虽然君子不立危墙之下，但也有最危险的地方最安全的说法。上述这些与时下更热的金石、名物不无关系。我虽不愿与之过多联系，但总强过不是稷下的学宫。这等纠结、如此骑墙，似乎对出版方不妥。于是，我认认真真地校写每一个字，哪怕是从前发表的旧稿。即便是这样，也难免出错，我也不敢说大话，只能表明我的态度。

　　说实在话，那些早几年的稿件虽然成文，但更难改。且不说资料核校不便，就是重新翻看旧文，也每每感慨于我怎么能写出这样前言不搭后语的话来。就像马勒在临终前一年还在修改第五交响曲。有初稿仿佛出自乳臭未干的新手的感慨，我也在羞愧之中，发现当初出逃的一个幼稚做法，利用考古文博资料来写有文学性质的文字，或者是趋向大众传媒。这样的路数并不太可行，除了出了一本薄薄的小集《汲古闲辞》外，只剩下一些不知所云的短文。现在来看，除了发出"我怎么能这样写？"的惊讶外，似乎还有一些纪念我曾经逃亡之路的价值。我把这些文章改了又改，在方向大致无误外，把我行藏的马脚藏了起来。因为我还想继续往下逃。

这些"逃难"的文字多收在第一部分"铜器文化史"，第二部分也有几篇，似乎也在说明我始终不是一个合格的铜器研究或古文字的学者。但在"艺术史观察"方面，则完全将我和盘托出，这几篇代表着我在美术史研究中的学习历程。不过，因为这部小集的特点，又不能那么地一本正经，只有将这几篇进行节选，甚至改写。我尽量使用浅白的文字，但却不惜加以注释，只是用来证明在这几年中，我没有虚度，不是一个不可救药的不学无术的人，尽管每天大部分时间都分配给临池习字。这也是我一项逃亡技能。

在我"逃走"的路上，有幸能遇见张懋镕、郑岩两位良师，是我的幸运。两位老师对我十分宽容，镕师更是为之赐序，并用金文题署。也要感谢谷卿、唐饮真两位先生，不以谫陋，慨然收入丛书。最后，我要感谢在这条路上遇到的所有的人，尽管我也不知道这路是否正确。

张　翀
丁酉岁末于京寓松清阁

图书在版编目（CIP）数据

青铜识小 / 张翀著 . — 北京：北京联合出版公司，2020.6

（至元集林）

ISBN 978-7-5596-3279-1

Ⅰ.①青… Ⅱ.①张… Ⅲ.①青铜器（考古）—中国—文集 Ⅳ.① K876.414-53

中国版本图书馆 CIP 数据核字 (2019) 第 100387 号

Copyright © 2019 by Beijing United Publishing Co., Ltd.
All rights reserved.
本作品版权由北京联合出版有限责任公司所有

青铜识小

作　者：张　翀
丛书题字：陈丹青
书名题字：张懋镕
责任编辑：宋延涛
封面设计：T-Workshop
内文设计：北京一千遍文化艺术有限公司

北京联合出版公司出版
（北京市西城区德外大街 83 号楼 9 层　100088）
北京联合天畅发行公司发行
天津丰富彩艺印刷有限公司印刷　新华书店经销
字数 189 千字　880mm×1230mm　1/32　印张 8.75
2020 年 6 月第 1 版　2020 年 6 月第 1 次印刷
ISBN 978-7-5596-3279-1
定价：52.00 元

版权所有，侵权必究
未经许可，不得以任何方式复制或抄袭本书部分或全部内容
本书若有质量问题，请与本公司图书销售中心联系调换。电话：（010）64258472—800